KB170514

우리
민속 신앙 이야기

＊ 사진 협조 ｜ 삼성당 자료실, 권태균, 김경복,
국립중앙박물관, 국립경주박물관

펴낸날 ｜ 2002년 6월 25일 1판 1쇄 2007년 10월 15일 1판 5쇄
지은이 ｜ 이희근 **펴낸이** ｜ 강진균 **펴낸곳** ｜ **삼성당**
편집주간 ｜ 강유균 **제작** ｜ 강현배
마케팅책임 ｜ 박경석 **마케팅** ｜ 전만권 변상섭
주소 ｜ 서울시 강남구 논현동 101-14 삼성당빌딩 9층
전화 ｜ (02)3443-2681~2 **팩스** ｜ (02)3443-2683
홈페이지 ｜ www.ssdp.co.kr **쇼핑몰** ｜ www.ssdmall.co.kr
등록번호 ｜ 제2-187호 (1968년 10월 1일)
ISBN 89-8019-768-3

우리 역사 새로 읽기 2

우리
민속 신앙 이야기

이희근 지음

삼성당

사라져 가는 민속 신앙의 소박한 의미를 되새기며

가끔 '천하대장군'과 '지하여장군'을 베어 버렸다는 뉴스를 듣곤 한다. 장승을 미신이라고 생각한 사람이 우상을 파괴한다며 저지른 일이었다.

장승을 비롯하여 우리 조상들의 믿음이 담긴 소박한 신앙물들이 미신으로 간주되기 시작한 것은 개화기 때부터였다. 19세기 말엽 우리 나라를 찾기 시작한 기독교 선교사를 비롯한 외국인들의 눈에는 장승이 우상 숭배의 대상물로 보였던 것이다. 그들은 우리 역사의 시작과 함께 전해 내려온 무당과 굿조차도 미신으로 몰아붙였다. 그리하여 우리 민족 속에 끈끈하게 이어져온 민속 신앙들은 발붙일 곳이 없게 되었다.

그러나 장승과 솟대, 서낭당, 미륵불 등은 우리 민족의 생활 속에 가장 원초적으로 자리잡고 있는 민속 신앙의 상징물이다. 마을을 편안하게 하고 잡귀를 물리치며 복을 받겠다는 소박한 믿음이 담긴 신앙물인 것이다. 따라서 서구인들의 잣대로 낮게 평가되고 미신으로 치부되어서는 안 될 것이다.

　이 글에서는 점점 사라져 이제는 그 원형조차 찾기 어려워진 우리 조상들의 소박한 믿음에는 어떤 것들이 있는지 살펴보고자 하였다. 크게 세 개의 장으로 나누어, 우리 국토 곳곳에 남아 있는 유물과 유적, 기록을 바탕으로 민속 신앙의 모습을 그려보았다.

　옛날에는 당당한 신앙이자 믿음이었으나 지금은 미신으로 치부되어 사라져 가는 것들! 부끄러워하기보다는 원형을 복원하고 널리 알리려는 자세를 가져야 할 것이다. 전국 어디를 가나 장승이 마을 입구를 지키고 서 있고, 고갯마루에는 거의 서낭당이 모셔져 있는 이유가 무엇인지 그 의미를 되새겨 보아야 할 것이다.

이 희 근

차례

글머리에 · 4

사진으로 보는 우리 민속 신앙 · 9

1부

마을을 지켜 주던 장승 · 19

마을의 안녕을 보장하는 서낭당 · 41

민중들의 희망이 담긴 미륵불 · 59

풍요로운 삶을 가져다 준 솟대 · 77

2부

나라의 균형 발전을 제시한 풍수 지리설 · 97

반란군들의 이념 《정감록》 · 117

새 세상을 꿈꾸던 동학 · 133

3부

백성들에게 희망을 주는 무속 신앙 · 155

나라에서 민간으로 내려온 산신 신앙 · 175

어민들의 풍요로움을 보장하는 풍어제 · 193

진실된 삶의 방법을 깨우쳐 준 도깨비 신앙 · 212

우리의 역사와 문화는 우리 민족이 살아온 발자취이며
우리의 모습을 비춰 보는 거울입니다.
오늘 우리가 누리는 이 행복한 삶은 어느 한 순간에
이루어진 것이 아니라 오랜 역사 속에 온갖 어려움을
극복하고 자주와 창조, 개혁의 정신으로 민족 문화를
발전시켜 온 조상의 노력에 의한 것입니다.
밝은 내일을 창조해 나갈 우리 어린이들이 귀중한
우리 민족 문화 유산에 담긴 의미를 살펴봄으로써
우리의 역사와 문화를 올바르게 이해하고 그 소중함에 대해
다시 한 번 느낄 수 있기를 기대합니다.

사진으로 보는

우리 민속 신앙

장승과 솟대, 서낭당, 미륵불 등 우리 민족의 생활 속에 가장 원초적으로
자리잡고 있는 민속 신앙의 상징물들. 그러나 당당한 신앙이자 믿음이었던
신앙물들이 미신으로 치부되어 점차 사라져 가고 있다.

장승

우리 조상들은 돌림병이나 흉년을 가져오는
잡귀를 막기 위해 마을 입구에 장승을 세웠다.
무사나 장군을 흉내낸 장승의 얼굴은 대부분 무섭다.
무서운 모습이라야 마을로 들어 오려는 잡귀와 부정을
막을 수 있다고 생각했기 때문이다.
그렇지만 장승을 자세히 들여다 보면
우리네 아버지나 할아버지처럼 한없이 자애롭다(전북 남원).

장승을 세우는 일은 마을 전체의 일이었다.
장승은 대개 음력 정월 열나흗날 세웠다.
이 날은 마을 사람들 모두가 하나가 되고 마을은
공동 운명체로 다시 태어나는 날이 되었다(충남 청양).

미륵불

한적한 시골 마을이나 가까운 야산에 가면
쉽게 만날 수 있는 미륵불.
미륵불은 머지 않은 장래에 이 땅에 나타나
힘겨운 백성들을 구제해 줄 것이라는
믿음에서 만들어진 부처님이다
(기솔리 석불입상, 경기도 안성).

서낭당

전국 어디를 가든 고갯마루를 지날 때면 흔히 마주치는
곳이 서낭당이다. 원색의 천 조각을 두른 나무와 돌무더기탑,
그리고 당집⋯⋯. 대부분의 사람들은 이런 서낭당을 보면
미신이라고 생각할 것이다. 그러나 서낭당은 그저 미신이라고만
여길 수 없는 역사를 가지고 있다(경기도 용인 민속촌).

솟대

솟대는 나무나 돌로 만든 새를 기다란 나무나 돌기둥 위에 앉힌 마을 수호신이다.
솟대는 농경 시대부터 마을을 지켜 주고 농사가 잘 되기를 바라는 마음에서 세운 신앙물이었다.
솟대의 장대는 잡귀를 막아 주며, 그 위에 얹혀진 새는 풍농을 가져온다고 믿었다 (전남 화순).

풍수 지리설이란 산과 땅의 모양을 살펴 도읍지, 집터, 묘지 등을 정하는 지리학이다. 고려 시대 풍수 지리설은 단순히 미신에 그치지 않고 정치적인 문제를 해결하는 이론이 되기도 했다. 풍수 지리설은 어떻게 활용하느냐에 따라 유익하기도 하고 해롭기도 했다(도선 국사가 세웠다는 천불천탑으로 유명한 전남 화순 운주사).

풍수 지리설

도선 국사가 고려 태조 왕건이 왕이 될 것임을 예언한 사실이 알려지면서 풍수 지리설은 더욱 유행하게 되었다(도선국사).

《정감록》은 삼국 시대 이래 우리 민족의 의식을 지배해 온 도참 사상이 담긴 대표적인 책이다. 《정감록》에는 조선 왕조가 멸망하리라는 것과 계룡산에 정씨가 다시 왕조를 일으킨다는 내용이 들어 있다. 임진왜란과 병자호란을 겪으면서 사회가 극도로 혼란해진 조선 후기에 《정감록》은 민중들이 간절히 바라는 이상 세계를 제시했다 (계룡산).

정감록

인간은 누구나 평등하며, 근본적으로 귀천이 있을 수 없다고 선언한 동학은, 양반 사회의 질서를 부정한 혁명적인 사상이었다. 동학 교도들은 부패한 지배층의 횡포와 수탈에 맞서 개혁된 세상을 만들고자 동학 농민전쟁을 일으켰으나, 청나라와 일본 군대가 조선에 진출하면서 그 꿈은 산산이 깨지고 말았다 (동학을 창도한 수운 최제우 동상, 경북 경주).

동학

무속신앙

무[巫] 신앙은 선사 시대부터 현재까지 전해져 내려오는 살아 있는
종교이다. 무당은 인간의 소망을 신에게 알리고 신의 뜻을 인간에게
알려주는 중재자 역할을 한다. 과학이 발달한 오늘날에도 중요한 일을
앞두고 있거나 집안에 좋지 않은 일이 있을 때 무당을 찾아가
점을 본다. 무속 신앙은 언제나 백성들 가까이에서 어려운 현실을
극복할 수 있는 용기와 희망을 준 대표적인 민속 신앙이다(길굿).

산신 신앙

오랜 옛날부터 사람들은 높은 산을 신성한 곳으로
여겼다. 특히 산이 많은 우리 나라에서는 일찍부터
산에 대한 믿음과 경배가 강해서 영험하다는 산에
사당을 세우고 제사를 지냈다. 산신 신앙이
대중화될 수 있었던 것은 불교에 수용되었기
때문인데, 산신은 사찰의 명당자리에 모셔져 산과
사찰을 보호하는 신이 되었다(산신도, 전북 부안).

풍어제

풍어제는 바닷가 마을에서 매년 또는 몇 년에 한 번씩 풍어를 기원하며 벌이는 굿이다. 배를 타고 넓은 바다로 나서는 어부들은 고기잡이를 마치고 무사히 집으로 돌아올 때까지 삶과 죽음 사이에 놓이게 된다. 그래서 사고를 막고 마을의 평안과 풍어를 기원하는 풍어제를 올려, 정신적인 불안을 해소시키고 마을 주민들의 단합을 꾀했다(위도 띠뱃놀이).

도깨비 신앙

도깨비는 우리 민족 특유의 체취와 멋을 지니고 있는 정다운 이름이다. 우리 나라의 도깨비는 여러 모습을 하고 있으며, 변화무쌍하다. 사람들은 나무나 돌 등의 자연물이 변해서 도깨비가 된다고 믿었는데, 옛부터 전해 내려오는 도깨비 이야기 속에는 진실한 삶만이 가치있으며, 무절제한 욕망은 잘못된 것이라는 가르침이 담겨 있다(서울 창덕궁 금천교의 도깨비).

제 1 부

장승 · 서낭당 · 미륵불 · 솟대

마을을 지켜 주던 장승

요즘도 시골 마을이나 큰 절 앞에는 오랜 세월 비바람을 맞아서 다 썩어 가는
나무 장승이나 파랗게 이끼 낀 돌 장승을 만날 수 있다. 무서우면서도 푸근한 장승의
얼굴을 보면 옛 마을을 지켜 온 수호신 같은 친근함이 느껴진다.

장승 – 옛 마을을 지켜 온 수호신

요즘도 시골 마을이나 큰 절 앞에는 오랜 세월 비바람을 맞아서 다 썩어 가는 나무 장승이나 파랗게 이끼 낀 돌 장승을 만날 수 있다. 무서우면서도 푸근한 장승의 얼굴을 보면 옛 마을을 지켜 온 수호신 같은 친근함이 느껴진다.

우리 옛 선조들은 돌림병이나 흉년을 가져오는 잡귀를 막기 위해 마을 입구에 장승을 세웠다. 그래서인지 장승에는 토속 신앙과 관련된 재미있는 이야기가 많이 전해 내려오고 있다.

장승의 코를 만지면 아들을 낳는다는 속설이 있어 아들을 낳고 싶은 어머니들이 앞다투어 장승의 코를 만지려고 하였다. 또 어떤 어머니들은 그 앞에 정화수를 떠 놓고 집안을 편안하게 해 달라고 빌었다. 그리고 자식이 과거를 보러 가면 장원 급제하게 해 달라고 빌기도 하였다. 집안에 아픈 사람이 있으면 그 사람의 생년 월일(사주)과 이름을 적어 장승에게 제사 지내기도 했다. 결혼할 시기를 놓친 노총각·노처녀들은 장승의 입에다 음식을 물려 놓고 좋은 사람을 만나게 해 달라고 빌었다.

이렇게 장승은 우리 옛날 선조들의 소박한 믿음이 담긴 신앙물이었다.

이야기 속으로

암행 어사 박문수와 장승 이야기

장승에 대한 간절한 믿음이 담긴 전설들이 많이 전해지고 있는데, 그 중 암행 어사로 잘 알려진 박문수에 얽힌 이야기가 유명하다. 박문수는 조선 후기 사람으로 탐관오리*들을 혼내주고 억울하게 누명을 쓴 백성들을 잘 보살펴서 오늘날까지 이름이 알려진 사람이다.

그가 어느 날 임금의 명을 받고, 경상도 땅으로 내려가고 있었다. 어사가 남대문 밖을 막 나서려는데, 왕방울 눈을 한 낯선 사람이 곁으로 다가오며 말을 걸었다.

"자네가 박문수 맞지? 지금 경상도 안동으로 가는 길인가?"

'내 이름을 아는 사람은 많지만 나를 알아보는 사람은 많지 않은데 이상하다.'

어사 박문수는 혼자 중얼거리며 옆 사람의 얼굴을 흘깃

*탐관오리 : 욕심이 많고 행동이 바르지 않은 관리.

장승의 얼굴을 보면 옛 마을을 지켜 온 수호신 같은 친근
함이 느껴진다(전북 부안).

보며 되물었다.

"어이, 그렇다네. 그런데 자네
는 어디 가나?"

그러자 사내가 대답했다.

"나도 그 쪽으로 가는 길이니,
길동무나 하세."

이 말을 들은 박 어사는 어이
가 없었다. 모르는 사람이 마치
친구인 것처럼 친하게 이야기하
였기 때문이다. 박 어사는 갈 길
이 바빴지만 한 마디 더 묻지 않
을 수 없었다.

"자네 이름은 무엇인가?"

"장승식이네. 성은 장이고, 이
름은 승식이지."

"그래? 그러면 길도 같고 하
니 같이 가기로 하세."

박 어사는 미심쩍으면서도 태도가 어쩐지 정감이 들어 함
께 가기로 했다.

그런데 어찌된 일인가? 느릿느릿 걸어가는 듯한 장승식
의 걸음은 박 어사가 따라갈 수 없을 만큼 빨랐다. 어찌 됐

건 박 어사와 장승식은 충청도 단양에서 죽령 고개를 넘어 경상도 풍기 땅까지 동행을 했다. 멀리 아담한 마을이 보였다. 커다란 기와집을 중심으로 초가집들이 옹기종기 모여 있었다. 기와집에는 천막이 쳐져 있었고 갓 쓴 선비들이 왔다갔다하고 있었다.

그 때, 장승식이 성큼성큼 마을로 들어서면서 박 어사에게 말했다.

"우리 저기 가서 구경이나 하고 가세."

그러고는 기와집 앞에 가서 큰 목소리로 그 집 상주를 부르더니 상주에게 물었다.

"누구의 장례를 치르려고 하는가?"

상주는 사람들이 몰려 있는 자리를 가리키며 조용히 대답했다.

"몇 해 전에 저희 아버님이 돌아가셨는데, 지관*이 명당* 자리를 잡아 주어 저 곳에 묻었습니다. 그런데 집안에 자꾸 안 좋은 일이 생겨 아버님의 묘를 선산으로 옮기려고 합니다."

"여보게, 상주. 저 곳에는 자네 아버님의 시신이 없네."

장승식의 말에 상주는 깜짝 놀라 호통을 쳤다.

"뭣이 어째? 이런 요망한 놈 같으니라고. 여봐라, 이놈을 당장 묶어서 곤장을 쳐라."

* 지관 : 풍수 지리설에 따라 집터나 묏자리 등을 잘 잡는 사람.

* 명당 : 아주 좋은 장소나 자리.

그래도 장승식은 웃음을 머금으면서 상주에게 말했다.

"그러면 나와 내기를 합시다. 저 곳에 시신이 묻혀 있으면 당신이 나에게 100냥을 주고, 아니면 내 목을 베고, 어떤 가?"

이런 광경을 옆에서 보고 있으려니, 박 어사는 답답했다. 그렇지만 장승식의 지혜를 믿었기 때문에 잠자코 있었다. 장승식은 죽령을 넘기 전에도 지혜를 발휘하여 200냥을 번 일이 있기 때문이었다.

목숨을 건 내기를 하자, 사람들은 우르르 산소로 몰려갔다. 산소에 도착한 상주는 몹시 서두르며 말했다.

"어서 이 곳을 파 보아라."

그런데 어찌된 일인가? 장승식의 말대로 그 자리에는 상주 아버지의 시신이 없었다.

"아니, 어떻게 이런 일이……."

그제서야 상주와 형제들은 장승식 앞에 무릎을 꿇으며 애원했다.

"선생님, 그러면 우리 아버님의 시신은 도대체 어디에 있습니까?"

"여기에서 한 30보 뒤로 가면 찾을 수 있을 것이네."

장승식은 여전히 웃을 듯 말 듯한 얼굴로 말하고는, 직접 30보를 걸어 자리를 보아 주었다. 그 자리를 파자, 신기하게

도 시신이 하나 나오는 것이었다.

"여기가 도둑 혈이야. 그 지관이 보기는 잘 봤는데, 한 금
을 내려썼어. 이제 다른 데로 옮길 필요없이 한 금만 올려
쓰면 돼."

장승식이 보아 준 명당자리에 묘를 쓰고 내려 온 상주들
은 고마움의 표시로 300냥을 내놓았다.

"죄송합니다. 가시는 길에 노자나 하십시오."

그러나 장승식은 100냥만 받아 아무 말 없이 박 어사에게
맡기는 것이었다.

소녀의 아버지를 구한 300냥

다시 길을 떠난 두 사람이 큰 고개를 넘으려 할 때였다.
장승식이 쫓기듯 말했다.

"문수, 우리 여기서 헤어지세. 이제 시간이 다 되어 별 수
가 없네. 이리 올라가다가 우연히 사람을 만나면, 오늘 저
녁은 잘 곳이 있을 것이네. 걱정 말고 빨리 걷게나."

말을 마친 장승식은 어느 새 감쪽같이 사라지고 없었다.
참 이상한 일이었다. 돈 300냥도 그냥 맡겨 놓은 채 없어졌
으니 말이다. 박 어사는 이유도 묻지 못하고 장승식과 아쉬
운 작별을 하였다.

'서울에서 장승식을 만난 지도 내일이면 꼭 100일째인데…….'

박 어사는 혼자서 고개를 넘어갔다. 고갯마루에 다다를 무렵, 큰 당산나무가 보였다. 그 밑에서는 처녀 하나가 등불을 켜 놓고 절을 하고 있었다.

"장승님, 우리 아버지 100일 기도도 오늘이 마지막입니다. 우리 아버지가 돈 300냥 때문에 내일 오후에 죽게 되었으니 부디 아버지를 살려 주십시오."

그 당산나무 옆에는 키 큰 장승과 작은 소년 장승이 서 있었다. 가만히 들여다보니 눈이 왕방울만하고 넉살좋게 생긴 것이 어디서 많이 본 듯했다.

'설마, 저 장승이 장승식은 아니겠지.'

박 어사는 슬며시 사라져 버린 장승식이 생각나서 다시 한번 되돌아보았다. 그랬더니, 키가 큰 장승이 박 어사를 향해 넌지시 웃음을 짓고 있는 것이 아닌가.

서울에서부터 동행한 장승식은 바로 이 마을의 장승이었던 것이다.

'저 처녀의 간절한 기도 때문에 장승이 사람으로 둔갑하여 내가 빨리 올 수 있도록 도왔단 말인가!'

박 어사는 또 한번 그 얼굴을 들여다보고 인사를 했다.

"여보게. 장승! 고맙네."

박 어사는 이번에는 처녀에게 말했다.

"걱정하지 말아요. 아버지를 구할 300냥이 나한테 있으니……."

처녀는 뛸 듯이 기뻐하며 말했다.

"아버지는 관청에서 일하는 심부름꾼이옵니다. 어느 날 심부름 중에 나랏돈 300냥을 잃어버려서 감옥에 갇히고 말았습니다. 내일까지 그 돈을 갚지 못하면 아버지의 목을 벤다고 합니다. 그런데 돈을 구할 길이 없어 여기서 100일 정성을 드리는 중이옵니다."

박문수는 그제야 고개를 끄덕였다. 장승식이 왜 그리 발걸음을 빨리 했는지 알 수 있었던 것이다. 그리고 돈 300냥을 맡긴 이유도.

박문수는 처녀에게 자신이 암행 어사이고, 장승의 도움으로 여기까지 온 이야기를 해 주었다.

다음 날 아침, 박 어사는 300냥을 가지고 관가로 가서 처녀의 아버지를 구했다. 마을을 떠나는 길에 장승을 만나자, 그가 싱긋 웃으면서 말했다.

"여보게, 장승. 백성을 사랑하는 자네의 마음과 지혜로움이 참 부럽네. 내가 없더라도 백성들을 잘 부탁하네."

장승도 언제까지나 그 약속을 지키겠다는 듯, 해맑은 얼굴에 익살스러운 웃음을 띠고 있었다.

마을 수호신으로 모신 장승

마을을 지키기 위해 세워지는 장승은 홀로 서 있는 경우도 있지만 대부분 마을 입구에 한 쌍씩 모셔진다. 한 쌍의 장승을 서로 마주 보게 하거나 나란히 옆으로 세우는 것이다. 어떤 마을에서는 동·서·남·북과 중앙 등 다섯 방향에 장승을 하나씩 세우기도 한다.

두 개 이상의 장승이 세워지기 때문에 장승의 역할도 자연스럽게 나뉘어진다. 남·녀를 구분하여 천하대장군과 지하대장군, 또는 천하여장군과 지하여장군이라고 쓴다. 맡은 역할에 따라 천상천하 축귀대장군, 동서남북 축귀대장군, 금귀대신, 금호장군 등을 붓글씨로 쓰기도 한다.

장승의 얼굴은 무사나 장군·역사·문수를 흉내내어 무섭게 만든다. 무서운 모습이라야 마을로 들어오려는 잡귀와 부정을 잘 막을 수 있다고 생각했기 때문이다. 장승을 장군이라 부르는 이유도 강한 힘을 이용하여 액을 막아 내기 위해서이다.

그렇지만 장승의 얼굴을 자세히 들여다보면 우리 아버지

장승은 대부분 한 쌍씩 세워진다 (경기도 파주).

나 할아버지의 얼굴처럼 자애롭다. 지방에 따라 제주도의
돌하루방처럼 근엄한 표정을 짓기도 하고, 충북 괴산 고성
리 장승처럼 보는 이마다 미소를 자아내게 하는 익살스런

모습도 있다. 그런가 하면 우스꽝스럽고 꺼벙하게 생긴 장
승도 있다.

모두가 삶의 애환과 백성들의 심성을 그대로 보여 준다.

언제부터 장승이 생겼을까?

지금처럼 장승이 마을의 수호신으로 자리잡은 것은 조선
후기부터라고 한다. 장승의 기원을 추측해 볼 수 있는 것으
로 통일 신라 시대부터 사찰에 세워진 장생표가 있다. 장생
표를 왜 사찰에 세웠는지는 잘 알려져 있지 않다. 다만 장생
표가 있는 안쪽에서 사냥을 하거나 다른 종교 행사를 갖는
것을 막기 위해 세운 경계표였으리라고 추측할 뿐이다. 그
러던 것이 신라 말부터 풍수 도참 사상이 유행하면서 산천
의 힘이 약한 곳을 보완하기 위해 만들어지기도 하였다.

지금까지 전하는 사찰 장생표로는 영암 도갑사의 국장생
두 개와 황장생 한 개, 양산 통도사의 국장생 두 개가 있다.
그러나 이들 장생표는 조선 후기에 만들어진 장승처럼 무서
운 얼굴 모습은 아니다.

장생표는 조선 시대에 들어와 국도의 거리를 표시하는 장
생으로 변한다. 조선 시대에는 국도와 우역[*] 제도가 발달하
면서 고을이나 역참 사이에 정확한 거리를 표시하였다. 조

* 우역 : 신라 · 고
려 · 조선 시대에 공
문서의 전달, 관물의
운송, 공무를 띤 출
장 관리의 숙박 편의
등을 위해 설치한 통
신 · 교통 기관.

선 시대 대표적인 법전인 《경국대전》 공전에는, '외방 도로
에는 10리마다 소후를 세우고, 30리마다 대후를 세우고 역
을 둔다. 이 후에 리와 리 사이의 거리와 지명을 새긴다.' 라
고 쓰여 있다. 이 때 세우는 후가 바로 거리 표지판인 장생
이다.

조선 후기 학자 이규경도 《오주연문장전산고》에서 장승
에 대해 '노표는 장생이라 하는데, 사투리로 장승이라고도
한다' 라고 쓰고 있다. 노표인 장생이 잘못 불려서 '장승' 또
는 '장성' 이 된 것이다.

이처럼 조선 시대에는 나라에서 노표 장승인 후를 국도
10리마다 세워 여행하는 사람들을 도왔다.

노표 장승이 어떻게 생겼는지는 신재효의 '적벽가' 를 보
면 잘 알 수 있다.

수목삼삼 깊은 틈에 은은히 섰는 장수
신장은 팔 척이요, 붉은 낯 채수염에 가만히 서 있거늘
조조가 보고 깜짝 놀라 말에서 떨어져……
손을 들어 가리키며……
'나무 사이 보이는 게 정녕 관공이제.'
'승상님 혼 나갔소, 그것이 장승이요.'
'애야 장승이면 장비하고 일가 되냐.'

마을의 수호신인 천하대장군과 지하여장군(서울 장승배기).

'10리 5리 표시하자고
나무로 깎아 세우니,
화룡도 장승이요.'

이 판소리 사설에서도 알 수
있듯이 노표 장승은 조조를 놀
라게 한 관우와 장비처럼 무서
운 얼굴을 하고 있었다.

조선 초기부터 비로소 노표
인 후의 윗부분에 귀신이나 무
서운 사람 얼굴을 새긴 장승이
생겨난 것이다. 이 노표 장승
은 조선 말기에 전국의 도로에
서 사라졌으나, 아직도 곳곳에
는 '장승배기', '장성고개'란 지명들이 남아 있다.

장승이 노표에서 수호신으로 바뀌기 시작한 것은 조선 후
기부터이다. 장승이 사찰의 입구에 세워지기 시작하여 사찰
을 수호하는 역할을 한 것이다. 이 장승은 사찰의 입구에 서
있는 사천왕상이나 금강역사상, 인왕상을 본떠서 만들었기
때문에 무서운 모습이었다.

원래 사찰에는 사찰을 보호하기 위해서 해탈문 · 사천왕

상·금강역사상·나한상을 만들었다. 그러다가 조선 후기에는 사찰의 수호신으로 장승을 모시기 시작한 것이다.

조선 시대에는 정책적으로 불교를 탄압하였으며 후기에 들어와서는 도적 떼가 사찰을 노략질하는 일도 많았다. 그래서 외부 침략자로부터 사찰을 보호하기 위해 장승을 모시기 시작한 것이다. 이렇게 장승은 단순한 민간 신앙이 아니라 불교 신앙과 결합되어 형성된 마을 수호신이었다.

장승제를 지내며 마을 화합을 다져

장승 세우는 일은 마을 전체의 일이었다. 장승은 대개 음력 정월 열나흗날에 세웠다. 그 날 아침이 되면 마을 장정들은 산으로 올라가 장승으로 쓸, 크고 튼실한 나무를 고르고 산신에게 간단히 제를 올린다.

장승은 대개 소나무와 밤나무로 만든다. 곧추 자란 나무를 벤 후 여러 사람이 짊어지고 산을 내려 온다.

나무를 잘라 오면 마을 사람들이 나와 풍물을 치며 반긴다. 장승은 손재주가 있는 사람이 정성껏 만든다. 껍질을 벗겨낸 후 작년에 깎아 세웠던 장승을 보아 가며 얼굴과 몸통을 깎고 다듬는다. 이렇게 묵은 장승을 보고 새 장승을 깎기 때문에 옛날 장승과 똑같은 장승이 태어나는 것이다.

장승을 깎을 때는 여러 가지 익살스러운 말이나 행동을 해서 한바탕 웃음을 자아낸다. 장승을 깎으며 주고받는 말들은 우습고 재미있다.

"장승은 항상 거꾸로여."

"밑에가 위여."

"장성나무는 땅에 섰을 때와는 반대여."

"너무 배부르면 숫장승이여, 남자는 배짱이 있어야 돼."

"여자는 배가 부르면 아이를 잘 나, 여자는 인사할 때 구부려서 공손해야 돼."

"숫장승은 배가 불룩 나와야 하고, 암장승은 공손히 배가 들어가야 돼."

"암장승이 너무 눈이 째지면 못 써."

"새악시 얼굴은 예뻐야 돼."

"천하대장군 운반하면 아들 나."

"지하대장군 나른 사람은 딸 낳았어."

이렇게 어수선하고 익살스런 분위기 속에서 장승이 만들어지면 마을에서 학식 있는 노인네가 붓을 들고 나선다. 붓에 먹을 묻혀 눈과 수염, 코, 사모, 족두리를 그려 내고 몸통에는 천하대장군·지하대장군이라고 정성껏 쓴다. 다 만들어진 장승은 묵은 장승 옆에 조심스럽게 세워진다. 장승 밑둥이 흔들리지 않게 흙을 다지고 주변에 둘러쌓는다. 그리

고 묵은 장승과 함께 굵은 동아줄로 꽁꽁 묶어 움직이지 않
게 한다. 묵은 장승과 새 장승이 한데 어울린 모습은 한 해
터울로 태어난 장승 형제들 같다. 이들은 힘을 합쳐 함께 마
을을 지켜 낸다.

　장승 세우는 날은 온 마을의 잔칫날이다. 모두가 하나가
되고 마을은 공동 운명체로 다시 태어나는 날이다.

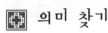 의미 찾기

마을마다 장승을 세운 까닭은

　그러면 조선 후기 사람들은 왜 마을 입구에 장승을 세웠
을까? 조선 후기에는 임진왜란과 병자호란이라는 크나큰 전
쟁이 두 번이나 있었다. 전쟁으로 농토가 모두 망가져서 농
사지을 땅도 적었다. 거기에 홍수나 가뭄 등의 자연 재해도
자주 일어나 백성들은 굶주림에 시달려야만 했다. 굶주림으
로 허약해진 백성들은 면역력이 약해져 전염병이 돌면 무수
히 죽어 나갔다. 그 위에 양반들의 수탈이 더해지면서 마을
을 떠나 돌아다니는 백성들이 많아졌는데, 이들은 때로 도
적 떼로 변해 마을을 약탈하곤 했다.

　특히 전염병은 조선 후기 농민들에게는 치명적인 타격을

주었다. 《조선왕조실록》에 따르면, 1660년에서 1864년 사이에 전염병이 무려 79차례나 발생했다. 이 중 10만 명 이상 죽은 경우도 여섯 차례나 되었다.

전염병은 사람들을 공포에 몰아넣었다. 과학이 발달하지 못했던 옛날에는 전염병을 귀신이 붙어 생긴 병이라고 믿었기 때문이다. 그래서 전염병을 치료하기보다는 굿을 벌여 귀신을 쫓아 내려고 하였다.

사람들이 가장 꺼렸던 두창*도 저 세상으로 가지 못하고 이 세상을 떠도는 귀신이라고 생각했다. 특히 천연두를 일으키는 역신이 전국 방방곡곡을 다니면서 마마를 퍼뜨린다고 믿었다. 이를 손님마마라고도 불렀는데, 이는 역신을 손님처럼 잘 대우하여 별 탈없이 조용히 돌아가게 하려는 의도에서였다.

집안 식구들이 손님마마를 잘 섬기면 역신도 잘 물러가지만, 손님을 불쾌하게 하면 금세 아이의 얼굴에 열꽃이 돋게 한다고 믿었다. 그래서 그들은 힘이 센 장승이나 정령*의 힘으로 질병 귀신을 쫓으려고 한 것이다.

이렇듯 조선 후기 백성들이 장승을 세운 것은 전염병이나 도적 떼 등으로부터 삶의 터전인 마을을 지키기 위해서였다. 마을 입구는 마을 사람들뿐만 아니라 마을을 파괴하려는 침입자들이나 온갖 잡귀가 드나드는 길목이었기 때문에,

*두창 : 천연두. 흔히 마마라고 한다.

*정령 : 나무, 풀 또는 무생물, 갖가지 물건에 붙어 있다는 혼령.

① 음력 정월 열나흗날 아침, 산으로 올라가 장승으로 쓸 나무를 벤다.
② 손재주가 있는 사람이 작년에 깎아 세웠던 장승을 보아 가며 얼굴과 몸통을 깎고 다듬는다.
③ 장승이 만들어지면 마을에서 학식있는 사람이 붓을 들어 얼굴을 그리고 글씨를 쓴다.
④ 다 만들어진 장승은 묵은 장승 옆으로 옮겨져 조심스럽게 세워진다.

장승을 세우는 날은 온 마을의 잔칫날이다.

이것들로부터 마을을 보호하려는 뜻에서 장승을 세웠던 것
이다.

　그런데도 오늘날 일부 기독교인들은 장승을 비롯한 우리
의 민간 신앙을 우상 숭배이자 미신이기 때문에 없애야 한
다고 주장하고 있다. 그래서인지 우리 나라 곳곳에 세워진
장승들이 수난을 겪고 있다. 서울 상도동 장승배기에 있는

장승도 몇 년 전 누군가에 의해 잘려 나간 적이 있다. 이 사
건 역시 장승을 미신으로 간주했기 때문에 일어난 것이다.
그러나 장승은 오늘날의 잣대로만 잴 수 있는 미신이 아니

장승은 제대로 알고 계승해야 할 우리의 민속 신앙이다(경남 양산 통도사).

다. 제대로 알고 계승해야 할 우리의 대표적인 민속 신앙인
것이다.

마을의 안녕을

보장하는 서낭당

조선 중기 이래 백성들의 신앙으로 온전히 자리잡은 서낭당은 오늘날까지 마을 어귀에
남아 이 땅을 지켜 온 옛 조상들의 마음을 묵묵히 전해 주고 있다.

고을 수호신을 모시는 사당, 나라의 제사를 지내던 곳

전국 어디를 가든 고갯마루를 지날 때면 흔히 마주치는 곳이 서낭당이다. 빨간색, 파란색 등 원색의 누더기 천 조각을 두른 신목*과 그 옆에 쌓아놓은 돌무더기탑. 간혹 서낭나무인 신목 옆에 당집*을 세워 놓은 경우도 있다.

서낭당의 모습은 이사벨라 버드 비숍 여사가 쓴 《한국과 그 이웃 나라들》에 잘 나타나 있다. 그녀는 1894년 이후 네 차례나 우리 나라 방방곡곡을 답사하고 이 책을 썼다고 한다.

토속적인 전통의 제식들이 갖는 모습은…… 고개 꼭대기에 쌓여 있는 돌더미들과, 바람벽에 한자나 투박하고 거친 그림이 그려져 있는 허름한 성황당들, 그리고 쌀자루나 해진 짚신, 누더기 천 조각…….

대부분의 사람들은 이런 서낭당을 보면 미신이라고 생각할 것이다. 그러나 서낭당은 그저 미신이라고 생각할 수만은 없는 역사를 가지고 있다.

* 신목 : 신령스러운 나무.

* 당집 : 신을 모셔 놓고 위하는 집.

조선 후기 실학자인 이규경은 《오주연문장전산고》 '음사
변증설조'에서 서낭당에 대해 다음과 같이 기록하고 있다.

우리 나라 어디를 가나 고개 넘어가는 곳에는 선왕당이 있는데, 이
것은 성황(당)을 잘못 말한 것이다.

이로 보아 조선 후기에도 전국의 고개 어디서나 서낭당이
있었다. 그리고 이 내용이 '음사변증설조'에 실려 있는 것으
로 보아 조선 시대 사대부들은 서낭당을 음사*인 민간 신앙
으로 여겼음을 알 수 있다.

그러나 처음부터 서낭당이 백성들을 중심으로 믿어졌던
민간 신앙은 아니었다. 서낭당은 원래 '성황(城隍)'이라는
고을 수호신을 모시는 사당으로, 그것을 세우고 제사를 지
낸 것도 처음에는 백성들이 아니라 국가였다.

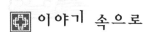 이야기 속으로

처음에는 나라에서 세우고 제사 지낸 사당

옛날 중국에는 성을 보호해 준다는 성지 신앙이 있었다.
이것이 남북조 시대 이후 '성황'으로 변하면서 일반화되기

*음사 : 부정한 귀신
을 모셔 놓고 제사
지냄.

시작하다가, 송나라 때 크게 유행했다고 한다.

우리 나라에서는 언제부터 성황이 있었는지 잘 알 수는 없다. 다만 《고려사》에 따르면, 고려 문종 때 선덕진의 새로운 성에 성황사를 짓고 봄과 가을에 제사를 지냈다는 기록이 나온다. 이는 서낭당이 고려 시대만 해도 국가에서 공식적으로 제사를 올리던 사당이었음을 뜻한다. 심지어 고려 고종은 몽고군의 침략을 막을 수 있었던 것이 서낭신의 도움 때문이라며 신의 칭호를 내린 적도 있었다.

고려 시대의 서낭당은 주로 국가에서 세우고 운영했지만, 지방의 힘있는 호족들이 세운 경우도 있었다. 곡성현의 성황신이 된 신숭겸, 순천부의 성황신이 된 견훤의 부하 김총, 고려 태조 때의 인물로 성황신이 된 김홍술 등을 위해 세운 서낭당이 그것인데, 고려 중기 이후 유력한 지방 호족으로 성장한 후손들이 이들을 그 지역의 서낭신으로 모셨던 것이다.

죽어서 성황신이 된 고려 충신 신숭겸

곡성현의 성황신이 된 신숭겸은 고려를 세우는 데 공을 세운 공신이었다. 그는 후삼국 시대 사람으로 배현경·홍유·복지겸 등과 모의하여 궁예를 폐하고, 왕건을 추대하여

서낭당은 원래 '성황' 이라는 고을 수호신을 모시는 사당이었다 (전남 남해).

개국공신이 되었다. 그는 곧 대장군이 되어 927년(태조 10
년)에 신라를 도와 공산에서 견훤과 싸우게 되었다. 신라의
경애왕이 견훤에게 죽임을 당하자 위기에 처한 신라가 고려
에 도움을 요청했던 것이다.

그러나 견훤 군과의 첫 싸움에서 고려 군은 크게 패하여
포위당하고 말았다. 기병 5천 명으로 시작된 싸움은 약간의
패잔병을 남긴 채 끝났고, 결국 왕건의 목숨마저 위태롭게
만들었던 것이다.

싸움에 이겨 신이 난 견훤이 소리쳤다.

"왕건은 어서 나와 내 칼을 받아라."

이 소리를 듣자 왕건의 진영은 술렁거렸다.

"전하, 이 일을 어쩌지요? 포위를 당해 달아날 곳도 없습니다."

신숭겸과 김낙 장수는 걱정이 되어 어쩔 줄 몰라 했다.

"야, 이 놈들아! 빨리 너희 왕인 왕건을 내보내라. 그렇지 않으면 모두 죽여 버릴 테다."

견훤의 고함치는 소리가 계속 들려왔다. 그러자 신숭겸 장군이 묘책을 생각해 냈다.

"전하, 불충한 일인 줄은 알지만 저와 옷을 바꿔 입는 게 어떻겠습니까?"

왕건은 극구 반대했다. 그러나 신숭겸 장군은 지금은 너무 위급하니 옷을 바꿔 입고 빨리 몸을 피하라고 말했다.

"나 때문에 장군이 위기에 처할 텐데, 어떻게 하려고?"

"상관 없습니다. 제 목숨은 이미 나라에 바쳤습니다. 전하를 위해 목숨을 바치는 게 곧 나라를 위해 바치는 것이 아니고 무엇이겠습니까?"

"고맙네, 장군."

"왕건은 빨리 나와 내 칼을 받아라."

견훤의 진영에서는 계속 고함 소리가 터져 나왔다.

"전하, 급합니다. 어서 뒤로 피하십시오."

"그럼, 장군! 잘 부탁하네."

왕건은 신숭겸 장군에게 모든 일을 맡기고 포위망을 뚫고 달아났다.

신숭겸 장군은 비록 포위되었지만 왕건을 무사히 살리기 위해서 군졸들을 모았다.

"여러분, 지금부턴 내가 왕이오. 그리 알고 내 명령을 따르도록 하시오. 지금부터 나를 전하라고 부르시오. 알겠소?"

"예, 전하."

신숭겸의 부하들은 힘껏 싸웠지만 대부분 전사하여 신숭겸과 김낙 장군이 함께 붙잡히게 되었다.

"네가 왕건이냐?"

"무엄하구나, 함부로 전하의 이름을 부르다니……."

김낙 장군이 소리쳤다.

"너는 누구냐?"

"난 신숭겸이다."

"네가 그 유명한 신숭겸이로구나."

"죽일 테면 빨리 죽여라. 전하, 이 무지막지한 놈들에게 잡힌 게 분하고 원통합니다. 꼭 옥체를 보전하셔서 이 원수를 갚아 주십시오."

견훤의 눈에도 김낙 장군이 원수를 갚아 달라고 신신당부하는 신숭겸이 왕건으로 보였다.

"여봐라. 저 신숭겸의 목을 베어서 우리 군사들의 사기를 진작시키도록 하라."

"예."

신숭겸으로 행세하던 김낙 장군은 칼에 맞아 전사하고 말았다.

"여봐라, 왕건아! 너는 내 손에 잡힌 몸이니, 이제 항복하고 나라를 우리 손에 넘기도록 하여라."

"야, 견훤아. 말도 안 되는 소리는 하지도 마라. 우리 나라를 너희들에게 바치다니. 잔소리하지 말고 너희 나라를 나에게 넘기도록 하여라."

"포로가 된 주제에 말이 많구나. 내 말을 들으면 살려 줄 테니 네 나라를 나에게 바치도록 하여라."

신숭겸 장군은 태조 왕건이 무사히 빠져나갔는지 걱정이 되었다. 왕건이 무사히 빠져나가게 하려면 저들의 시선과 관심을 오래 묶어 두어야만 했기 때문이다.

견훤과 한참 말씨름을 하고 있는데, 군사 하나가 헐레벌떡 뛰어 들어왔다.

"전하, 큰일났습니다. 저 놈은 왕건이 아닙니다. 왕건은 지금 군사를 이끌고 이리로 몰려오고 있다고 합니다. 저

놈은 바로 신숭겸이라는 자입니다."

"뭣이? 네 말이 사실이렷다."

신숭겸은 견훤을 노려보며 외쳤다.

"전하께서 무사히 돌아가셔서 군사를 이끌고 오신다니 사실대로 밝히겠다. 그래, 나는 신숭겸이다. 어쩔……."

신숭겸이 말끝을 채 맺기도 전에 견훤의 칼이 그의 목을 베었다.

이렇듯 태조 왕건이 위기에 처했을 때 신숭겸과 김낙 장군이 목숨을 걸고 지켜 주었기에 왕건은 위기를 모면할 수 있었다.

새재 서낭신과 최명길의 인연

신숭겸 이외에도 서낭신이 된 역사적 인물들은 많이 있다. 병자호란 때 청나라와 화친을 주장했던 대표적 인물인 최명길도 서낭신과의 특별한 인연 이야기가 전해지고 있다.

최명길은 조선 시대에 영의정을 지낸 사람이다. 그가 소년 때의 일이었다. 안동부사로 있는 외숙을 보러 가는 길에 문경 새재를 지나게 되었다. 그 때 마침 꽃같이 예쁜 젊은 여인이 뒤를 바짝 따라오면서, 혼자 가기 무서우니 같이 가

최명길이 새재 서낭신을 만났다는 문경새재.

자고 청하는 것이었다. 최명길은 쾌히 승낙하고 동행을 하였다. 최명길은 걸으면서도 여자의 정체가 궁금하여 자세히 살펴 보았다. 그 여자도 눈치를 챘는지 방긋 웃으며 말했다.

"저는 사람이 아니고 새재 서낭신이옵니다. 안동에 사는 아무개 좌수* 집에 가는 길이지요. 그 사람이 서낭당에 걸려 있는 내 치마를 욕심내어 훔쳐서는 제 딸에게 갖다 주었습니다. 그래서 지금 좌수의 딸을 죽이러 가는 길입니다.”

최명길은 속으로 놀랐으나, 태연한 듯 말했다.

“인명은 재천인데, 그만한 일로 죽일 것까지는 없지 않습니까?”

그 여자는 한참 동안 말이 없더니, 다시 입을 열었다.

“공은 먼 훗날 영의정에 오르실 몸이요, 병자호란이 일어나면 큰 공을 세울 것입니다. 허나 명나라는 망하고 청나라가 흥할 것이니 부디 청과 화친하여 이 나라를 지키셔야 합니다. 공의 체면을 봐서 좌수의 딸을 죽이지 않고 징벌로 끝낼 것이니, 부디 공은 제 체면을 세워 주십시오.”

여자는 이렇게 말하고 사라지는 것이었다.

최명길은 이상히 여기고 서둘러 안동 좌수를 찾아갔다. 좌수네는 딸이 급사하여 집안이 발칵 뒤집혀 있었다. 최명길은 주인을 찾아 인사를 한 후 이렇게 말했다.

“댁의 따님을 살릴 수 있으니, 어서 따님의 방으로 가시지요.”

주인은 어쩔 줄 몰라 하다가, 최명길을 딸의 방으로 데리고 갔다. 방 안에는 새재에서 본 서낭신이 좌수 딸의 목을 누르고 있었다. 서낭신은 최명길이 들어서는 것을 보더니 얼른 일어나며, “이제야 오십니까?” 하고 인사를 하였다. 서낭신과 최명길의 대화는 좌수나 집안 사람들에게 들리기는

* 급사 : 갑자기 죽음.

하나 보이지는 않는 것 같았다.

최명길이 좌수에게 말했다.

"새재 서낭당에서 가져온 치마를 불사르고, 깨끗한 음식
으로 제사를 드리면 딸이 다시 살아날 것입니다."

좌수가 백배사죄하고 최명길의 말대로 치성을 드리니, 딸
이 다시 살아났다고 한다.

그 후, 최명길은 벼슬이 차차 올라 영의정이 되었다. 병자
호란 때에는 대다수 대신들의 싸우자는 주장을 물리치고 정
세를 잘 판단하여 치욕을 참고 화청정책*을 써서 국난을 잘
수습하였다. 그가 이렇게 할 수 있었던 것은 모두 서낭신과
의 인연 때문이었으리라.

좀더 알아보기

서낭당을 미신으로 몰아부친 사림파

지방의 힘있는 호족까지 사당 건립에 참여하면서 산천·
성황·풍운 등 여러 이름으로 불리던 사당들은 조선 시대에
들어서면서 성황당으로 통합되기 시작하였다. 그로 인해 국
가에서는 강력한 중앙 집권적 정치를 펴기 위해 각 지역의
사당을 통합하였고, 각 군현에서는 성황당과 함께 사직단(풍

*화청정책 : 청나라
와 친하게 지내자는
정부의 방침.

여러 이름으로 불리던 사당들은 조선 시대에 들어서면서 성황당으로 통합되기 시작하였다 (충남 부여).

흥을 주재하는 토지신을 모시는 곳), 여단(질병을 주재하는 여역
신을 모시는 곳)을 설치하여 수령에게 제사를 관장하도록 하
였다. 《신증동국여지승람》의 기록을 보면, 이런 방침에 따
라 전국에 모두 성황단이 설치되었는데 그 숫자가 336개에
이르렀다 한다.

또한 봄·가을에는 국가에서 주도하여 정기적으로 제사를 지냈으며, 국난이나 가뭄이 닥쳤을 때는 임시로 서낭제를 지내 국가와 백성들이 편안하기를 기원했다. 이렇게 조선 초기 서낭당도 국가에서 장악하고 있었음을 알 수 있다.

그런데 조선 중기에 이르면서 서낭당은 지방 향리*세력이 장악하게 되었다. 이에 따라 서낭제를 지내는 곳도 자연히 관에서 민간으로 변해 갔다.

*향리 : 한 지방에서 대를 물리며 내려오던 벼슬아치.

서낭제는 두 단계로 나뉘어 진행되는데, 처음에는 유교적 제사가, 다음에는 성황굿이라는 무속적인 행사가 진행된다(강릉 서낭제).

선조 41년(1608년)에 편찬된 《영가지》에는 조선 중기 서낭당의 모습을 다음과 같이 설명하고 있다.

길안석성은 현 동쪽 2리에 있는데, 둘레가 7백 보다. 지금은 허물어져 있다. 성 위에 성황당이 있어 백성들이 매년 입춘 때에 몸을 깨끗하게 하고 공양을 드리며 온갖 놀이를 하여 풍년을 기원한다.

길안석성의 서낭당은 애당초 석성을 수호하기 위해 국가에서 쌓은 사당이었다. 하지만 선조 임금 말년에 이르면서 백성들이 제사를 드리며 풍년을 기원하는 곳으로 바뀌었다.

17세기 초에 편찬된 《임영지》 풍속조에도 서낭제에 대해 기록하고 있다.

읍에는 각기 성황당이 있어 봄과 가을에 제사를 지낸다. 그러나 강릉만은 제사를 지내는 일 외에 유달리 이상스런 일이 있다. 매년 4월 15일이면 이 곳 강릉의 시임호장*이 무당들을 거느리고 대관령 위로 나아간다. 여기에는 신당이 한 칸 있다. 호장은 신당에 나아가 이유를 고하고 무격으로 하여금 나무 사이에서 신령을 구하도록 한다. 나무 하나에 광풍이 불어 나뭇잎이 스스로 흔들리면 '신령이 내렸다' 하고 나뭇가지 한 개를 자른다. 호장은 건장한 이로 하여금 들고 가도록 하는데, 이것을 일컬어 국사신 행차라고 한다.

* 시임호장 : 현재 일을 맡고 있는 향리의 우두머리.

이 기록으로 보아 관에서 주도한 서낭제와는 별개로, 호장의 주관으로 강릉의 부민*이 모두 참여한 서낭제가 치러졌음을 알 수 있다. 이 때는 무격*과 창우* 등이 온갖 놀이를 벌이기도 하였다고 한다. 이처럼 당시 각 지역에서는 관에서 주도하는 제사와 향리의 주도로 백성들이 참여하는 제사가 함께 시행되고 있었던 것이다.

서낭당이 온전히 백성들의 제사로 변한 데에는 조선 중기 사림파의 역할이 컸다. 성리학을 신봉하던 사림파들은 서낭당을 좌도* 또는 음사로 규정하여 비판하였던 것이다.

조선 중종 때의 최숙징이 올린 상소문 중에는 서낭당을 비판하는 구절이 있다.

'무격이 흥행하여 혹세무민하고 성황당에 거짓 위패를 만들어 물건을 바치게 하니, 이를 없애고 후직*의 신위*를 세워야 한다.'는 것이다. 서낭당은 이러한 사고 방식을 가진 사림파가 정권을 잡으면서 결국 백성들의 신앙으로 변해가게 된 것이다.

백성들은 성 밖에 외방 성황당을 세워 서낭제를 지냈는데, 이 때는 길이 인파로 메워질 정도로 많은 백성들이 참여했다고 한다.

* 부민 : 그 지방의 백성.

* 무격 : 무당.

* 창우 : 광대.

* 좌도 : 바르지 못한 사상.

* 후직 : 중국 주(周) 나라의 선조.

* 신위 : 신령이 의지 할 곳.

서낭제는 온 동네 축제 한마당

서낭당에서 올리는 제사는 서낭에게 마을의 안녕을 기원
하며 올리는 중요한 의식이다. 신당 안에 모신 서낭은 마을

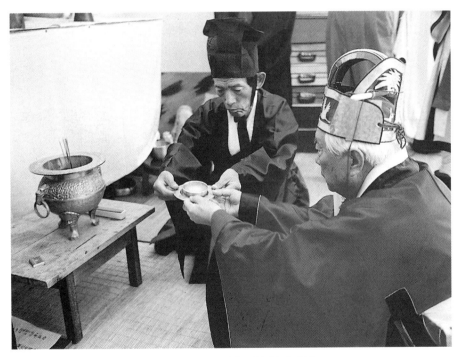

매년 4월 15일에는 호장의 주관으로 강릉의 부민이 모두 참여하는 서낭제가 치러진다.

수호신이기 때문에 당연히 마을 제사의 중심이 된다. 신당 안에는 대개 정면에 위패를 놓거나 지방을 써서 붙이거나 신상을 모셔 놓는데, 보통 때는 아무것도 놓지 않다가 제사를 지낼 때만 위패를 놓는 경우도 있다.

흔히 서낭제는 온 동네의 축제가 된다. 때때로 양반이 참여하는 경우도 있는데, 이 때의 제사는 두 단계로 나뉘어 진행되었다. 양반을 위해 처음에는 유교적 제사가 치러지고, 다음으로 성황굿이라는 무속적인 행사가 진행된다. 그러다가 양반 사대부들이 차차 미신으로 경계하며 참여하지 않으면서 무속 행사가 주류를 이루게 되었다. 이렇게 되면서 서낭신뿐만 아니라 풍요신과 질병신도 함께 모셔 두고 마을의 안녕과 농사의 풍요는 물론, 건강까지 기원하게 된 것이다.

조선 중기 이래로 백성들의 신앙으로 온전히 자리잡은 서낭당은 오늘날까지 마을 어귀에 남아 이 땅을 지켜 온 옛 조상들의 마음을 묵묵히 전해 주고 있다. 옛날에는 종교였던 것이 시대가 변하면서 한갓 미신으로 전락한 서낭당. 그러나 이 나라 백성들의 소박한 마음 속에는 여전히 종교로 남아 있을 것이다.

민중들의 희망이 담긴 미륵불

머지않은 장래에 이 땅에 나타나 힘겨운 백성들을 구제해 줄 것이라는 믿음에서 만들어진 미륵불에는 온갖 억압과 고통을 극복하려는 소박한 농민들의 종교적 믿음이 서려 있다.

백성들을 위로해 주고 희망을 심어 주는 미륵불

지금도 시골 마을이나 가까운 야산에 가면 미륵불을 쉽게 만날 수 있다. 거칠고 투박한 부처의 모습은 농민들의 소박한 마음을 그대로 보여 준다. 한 마디로 조각의 아름다움이나 예술성을 찾아보기 힘든 못생긴 서민풍의 돌부처이다.

미륵불은 머지않은 장래에 이 땅에 나타나 힘겨운 백성들을 구제해 줄 것이라는 믿음에서 만들어진 부처님이다. 때문에 미륵불은 백성들의 삶이 고통스러울 때면 나타나 백성들을 위로해 주고 희망을 심어 주곤 하였다.

어느 마을에서나 쉽게 만날 수 있는 친근한 부처님

미륵 신앙의 기원은 삼국 시대까지 거슬러 올라간다. 일연 스님이 쓰신 《삼국유사》에 보면, 백제 무왕(재위 600~641년) 때에 이미 미륵불이 만들어졌음을 알 수 있다. 무왕

은 전쟁으로 지친 백성들에게 용기와 희망을 주고자 미륵사
를 세우고 미륵불을 만든 것이다.

미륵사 창건 설화를 보면, 미륵사는 백제 무왕이 절을 짓

지금도 시골이나 가까운 야산에 가면 만날 수 있는 미륵불은 농민들의 소박한 마음을 그대로 보여 주는 부처님이다(충주 미
륵사지).

고 싶어하는 선화 공주의 마음을 알고 지어 준 것이라고 한다.

백제 무왕은 왕비인 선화 공주와 사자사라는 절을 찾아가는 길에 용화산 아래 큰 연못가에서 미륵 부처님 세 분을 만났다. 선화 공주는 미륵 부처님이 나타난 것은 이 곳에 절을 지으라는 부처님의 뜻이라고 생각했다. 이에 무왕은 사자사 지명 스님의 신통력을 빌어 하룻밤만에 산을 헐어 연못을 메우고 그 위에 절을 지었다고 한다.

생의 스님에게 찾아 온 미륵 부처님

미륵사 창건 설화 외에도 삼국 시대에는 미륵불과 관련된 설화가 많다. 《삼국유사》에 실린 생의 스님 설화만 보아도 신라에는 미륵 신앙이 유행했음을 알 수 있다.

생의 스님은 신라 선덕 여왕 때 사람이다. 그는 어려서 머리를 깎고 스님이 되어, 도중사에서 십여 년이 넘도록 불도를 닦고 있었다. 도중사는 비록 큰 절은 아니었지만 아늑하고 고요한 산골짜기에 자리잡고 있어, 혼자서 불도를 닦기에는 안성맞춤인 곳이었다.

생의는 밤낮을 가리지 않고 열심히 도를 닦았지만, 항상 자신의 도가 얕고 부족하다며 부끄러워하였다.

그러던 어느 날 밤, 생의는 꿈 속에서 한 늙은 스님을 만났다. 눈썹이 새하얀 그 늙은 스님은 그윽한 눈길로 생의를 내려다보며 말했다.

"어서 일어나 나를 따라오시오."

스님은 말을 마친 후 성큼성큼 앞서 걸어가기 시작했다. 생의는 깜짝 놀라 저도 모르게 벌떡 일어났다. 그리고 허둥지둥 스님의 뒤를 쫓아갔다. 무슨 까닭인지는 몰라도 왠지 그 스님을 놓쳐서는 안 될 것 같기 때문이었다.

"대사님! 대사님!"

생의가 뒤쫓아가며 소리쳐 불러도 늙은 스님은 한번도 뒤돌아 보지 않고 앞만 보며 걸음을 재촉하고 있었다.

"대사님! 대사님!"

생의는 거듭 외쳐 부르며 스님을 앞지르기 위해 안간힘을 썼다. 하지만 스님의 걸음은 워낙 빨랐다. 숨찬 기색이라곤 전혀 없이 마냥 산비탈을 기어오르고 있었다.

스님이 가고 있는 길은 남산 마루에 이르는 길이었다. 솔 숲이 우거지고 크고 작은 바위들이 울퉁불퉁 뒤엉켜 있어 매우 험난했다. 자칫하면 발을 헛디뎌 미끄러지기 일쑤였다.

생의는 땀을 뻘뻘 흘리며, 스님을 뒤쫓아 남산 마루 위까지 올라갔다.

미륵불은 머지않은 장래에 이 땅에 나타나 힘겨운 백성들을 구제해 줄 것이라는 믿음에서 만들어진 부처님이다(경기 안성).

"대사님, 어느 절에 계시옵니까? 소승을 이곳까지 따라오라 하신 까닭이 무엇이옵니까?"

생의는 가쁜 숨을 헐떡이며 물었다. 하지만 스님은 들은 척도 하지 않고 어느 한 곳을 가리키며 말했다.

"자, 여기에 풀을 묶어 표를 해 놓으시오."

생의는 스님이 일러 준 대로 잠자코 따라 할 수밖에 없었다.

"저 아래 남쪽 산골짜기에 내가 묻혀 있으니, 나를 찾아 내어 이곳에 다시 묻어 주도록 하시오."

스님은 말을 마치자마자 어디론가 사라져 버리고 말았다.

"대사님! 대사님!"

생의는 주위를 두리번거리며 큰 소리로 외쳤다. 그러다 문득 잠을 깨니, 부옇게 먼동이 터 오르고 있었다. 생의는 잠깐 어리둥절했지만, 곧 정신을 차렸다. 그러자 스님이 일러 준 말이 너무나 생생하게 되살아났다.

생의는 그 길로 친한 벗을 찾아가 말했다.

"여보게, 나를 좀 따라오게. 나 혼자 힘으로는 아무래도 어려울 것 같으니 자네가 좀 도와 줘야 겠네."

"무슨 일인데 갑자기 그러는가?" 벗이 물었다.

"가 보면 알게 될

미륵 세계는 고통으로 가득찬 세상에서 벗어날 수 있는 이상향이었다(개태사 미륵불, 충남 논산).

걸세. 어서 따라오게."

생의는 서둘러 앞장을 섰다.

그리고 지난 밤 꿈 속에서 만난 스님이 일러 준 남쪽 골짜기를 찾아가 땅을 파 보았다.

그러자 뜻밖에도 돌미륵이 나타나는 것이 아니겠는가? 흙 속에 묻혀 있었는데도 돌미륵은 마치 석공이 방금 전에 다듬어 놓은 듯 깨끗했다.

"아! 부처님이시다."

생의와 친구는 떨리는 목소리로 부르짖으며 합장을 올렸다. 그리고 둘이서 그 돌미륵을 남산 마루 위로 옮겼다. 그 곳에는 지난 밤 꿈 속에서 묶어 놓은 풀포기가 그대로 남아 있었다.

생의는 돌미륵을 정성껏 그 곳에 묻어 주었다. 그리고 그 날부터 그 곳에서 비바람에 시달리며 불도를 닦기 시작했다. 그 소문이 나라 안에 널리 퍼지자, 선덕 여왕은 마침내 그 곳에 큰 절을 세워 주었다. 그리고 절 이름을 생의사라 하였다.

미륵사 창건 설화나 생의 스님 설화에서 알 수 있듯이 삼국 시대에도 미륵 신앙이 널리 퍼져 있었다. 그러나 모두 국가적 차원에서 이루어져 있어 백성 중심의 미륵 신앙과는 많은 차이가 있었다.

고려 시대에 만들어진 많은 미륵불들도 모두 왕실과 귀족들의 지원을 받아 만들어진 것이었다. 삼국의 혼란을 통일한 고려는 새롭고 왕성한 고려의 힘을 표현하고자 커다란 불상을 많이 만들었다. 그 중 가장 대표적인 불상이 은진미륵으로 더 잘 알려진 관촉사 석조미륵보살상이다. 이 불상은 높이 18m, 둘레가 9m의 거대한 불상으로, 광종 임금의 명령으로 혜명 스님이 37년이라는 긴 세월을 거쳐 만든 것이라고 한다.

이런 미륵불들은 삼국 시대와 마찬가지로 모두 왕실과 귀족들의 지원을 받아 세워진 것으로서 백성들 중심의 미륵불과는 달랐다.

고통스런 세상에서 벗어나게 해 주소서

지금까지 남아 있는 미륵불들은 거의 조선 후기 임진왜란(1592년)과 병자호란(1636년) 이후에 만들어진 것이다. 마을 사람들이 마을 입구나 가까운 야산에 미륵불을 만들어 모신 것이다. 그렇다면 조선 후기 사람들이 미륵불을 만든 이유는 과연 무엇일까? 그 궁금증은 미륵 세계를 설명한 《불설미륵대설불경》에 자세하게 나와 있다.

고려 시대에는 왕성한 고려의 힘을 표현하고자 커다란 불상을 많이 만들었다(관촉사, 충남 논산).

미륵 세계는 토지가 비옥하여 농산물이 풍성하다. 잡초와 병충해가 없어서 한 번 심어 일곱 번 수확할 수 있다. 사람들은 질병과 욕심과 성냄과 어리석음이 없고, 나쁜 사람과 도적들이 없으므로 모두 대문을 잠그지 않는다. 또한 고통과 전쟁과 굶주림 등의 재난이 없다. 그러므로 사람들은 남남끼리도 부모 자식이나 한가족처럼 겸손한 말씨를 쓴다.

이처럼 미륵 세계는 임진왜란과 병자호란이라는 두 번의

크나큰 전쟁을 겪은 백성들에게는 고통으로 가득찬 세상에서 벗어날 수 있는 이상향이었다. 전쟁이 끝난 후에도 여전히 억압과 착취를 당했던 마을 사람들은 도적과 약탈, 질병과 재앙으로부터 구원해 줄 미륵불을 절실하게 기다렸다. 그리고 미륵 세계를 현실에서 실현하려는 이들의 열망이 마을 입구나 야산에 미륵불을 만들어 세우게 한 것이다.

미륵 신앙은 비교적 사회가 안정된 때에는 병을 치료하거나 아들을 얻는 것 등을 소원하는 개인적 구원 신앙이 되었다. 그러나 사회가 불안할 때에는 사회를 부정하고 새로운 이상 세계를 실현하려는 메시아니즘*이 되기도 하였다.

스스로 미륵불이 된 궁예왕

가장 대표적인 예가 태봉국을 세운 궁예이다. 궁예는 신라 말의 혼란기에 스스로 미륵불을 자처하면서 백성들을 끌어 모았다. 그는 전쟁에 지친 백성들이 절실하게 바라는 미륵 세계를 세워 준다고 약속하면서 태봉국(나중에 고려가 됨.)을 건국하였다. 신라 말의 혼란에 지친 백성들의 마음을 미륵 세계로 붙잡으려는 정치적 계산을 하였던 것이다.

삼국 시대의 역사를 기록한 《삼국사기》에 따르면, 태봉국의 왕 궁예는 원래 신라 헌안왕의 아들이거나 경문왕의 아

* 메시아니즘 : 정의와 행복을 약속하는 새로운 질서를 가져올 구세주가 나타날 것으로 믿는 종교적 신앙.

들이라고 한다. 궁예는 신라 왕실의 서자였던 것이다.

그가 외가에서 태어날 때 지붕 위에 길다란 무지개가 비쳐 하늘까지 닿았다. 이것을 보고 일관 하나가 왕에게 말하였다.

"이 아기는 나면서부터 이빨이 있고, 또 이상한 빛이 그 집에 드리운 것으로 보아 장차 국가에 이롭지 못할 것이니 아이를 없애소서."

이 말을 들은 왕은 곧 신하를 시켜 아기를 죽이게 하였다. 그래서 신하는 강보 속에 싸인 아기를 빼내어 높은 다락에서 떨어뜨렸다. 그러나 이를 딱히 여긴 유모가 다락 밑에 서 있다가 그 아이를 받아 안고 도망쳤다. 이 때 유모가 잘못하여 아기의 한쪽 눈을 찔러 궁예는 애꾸눈이 되었다고 한다.

10여 년이 흘러 궁예는 소년이 되었다. 그러나 철없이 여느 아이들처럼 놀기만 좋아하였다.

하루는 유모가 궁예를 불러 꾸짖었다.

"너는 어찌하여 놀기만 좋아하느냐? 너는 날 적부터 나라에서 버림을 받아 죽을 뻔한 것을 내가 줄곧 숨겨 길렀다. 장난이 너무 심하니 앞으로 어떻게 살아야 할지 걱정이구나. 만약 네가 살아 있는 것이 세상에 알려지면 너나 나는 살아남기 어려울 것이다."

그제서야 자신이 버림받은 왕자임을 안 궁예는 큰 소리로 울면서 말하였다.

"어머니, 제가 어찌 어머니께 걱정을 끼쳐 드리겠습니까?
차라리 집을 떠나겠습니다."

이렇게 말하고 궁예는 대뜸 일어서 집을 나와 세달사라
는 절에 가서 중이 되었다.

어느 날, 제를 올리러 가는데 느닷없이 까마귀 한 마리가
아침거리를 물고 가다가 궁예의 바리* 속에 떨어뜨리는 것이
었다. 이상하게 생각하여 바리 속을 쳐다보니 임금 왕(王)자
가 쓰여 있었다. 궁예는 장차 자기가 왕이 될 징조라고 생각
하고 때가 오기만을 기다렸다.

신라가 점점 어지러워지자 그는 비로소 큰 뜻을 이룰 때
가 되었다고 생각했다. 장삼과 목탁을 집어 던지고 절을 뛰
쳐나와 그 길로 바로 반란군 우두머리 양길의 부하가 되었
다. 그는 주천과 내성·명주를 치고 3,500명의 무리를 거느
리며 장군으로 추앙을 받았다. 그의 기세가 점점 커지자 누
구도 그를 막을 수 없게 되었다.

"신라가 지난 날 당나라와 힘을 합하여 고구려를 쳐서 평
양을 쑥대밭으로 만들었으니 내가 반드시 원수를 갚겠
다."

궁예는 고구려의 원수를 갚는다는 명목으로 진성왕 8년
에 국호를 마진이라 정하고 마침내 왕위에 올랐다. 진성왕

*바리 : 절에서 승려
가 쓰는 밥그릇.

9년에는 철원에 도읍을 정하고, 15년에는 국호를 태봉으로 고쳤다.

　점점 세력이 커지자 궁예왕은 사치와 낭비를 심하게 하였으며 난폭하기까지 하였다. 그는 자신의 비위를 건드리는 사람은 누구든지 거침없이 죽이곤 하였다. 남을 시기하기도 잘하여 폭행을 일삼았는데, 그 중에서도 젊고 아름다운 부인 강씨를 더욱 질투하였다. 특히 청년 왕건이 궁중에 나타나자 부인 강씨를 더욱 의심하기 시작했다. 그는 궁중에서 누구든 하나라도 잘못하면 사정없이 악형을 가했다. 부인은 왕이 소년 시절에 좋은 환경에서 자라지 못하여 성격이 비뚤어졌다며 동정하기도 하였다. 그러나 한 나라의 국모로서 왕의 행동을 보고만 있을 수는 없었다.

　"대왕마마, 백성을 사랑하고 아껴 주소서."

　그러면 왕은 이렇게 말하곤 하였다.

　"네가 나의 소년 시절을 알면 얼마나 아느냐?"

　"대왕마마, 진정하소서."

　"듣기 싫다. 너는 벌써 나를 떠난 모양이구나. 어느 놈과 정을 통하였기에 나를 배척하느냐?"

　"대왕마마, 무슨 말씀이시옵니까?"

　"나는 영특한 미륵불의 영감으로 사람의 마음을 볼 줄 안다. 대체 너와 정을 통한 자가 누구냐?"

"제가 한 나라의 국모로서 어찌⋯⋯."

"어느 놈이냐? 왕건이냐?"

부인에 대한 의심이 극에 달한 궁예는 결국 부인과 두 아들까지 죽이고 말았다. 왕의 난폭한 행동을 본 대신과 백성들도 궁예왕의 곁을 떠났다. 그로 인해 궁예가 스스로 미륵불이라 자칭하며 나라를 세운 지 15년 만에 왕건을 받들어 왕으로 삼게 되었다.

궁예왕의 마지막은 비참하였다. 성에서 쫓겨나 백성들의 손에 참혹하게 죽임을 당하고 말았던 것이다.

좀더 알아보기

다른 민간 신앙과 결합할 수 있는 포용력 있는 신앙

혼란한 시대에 미륵불을 자칭한 사람은 궁예왕뿐이 아니었다. 고려 말 우왕 때에도 혼란한 틈을 타 미륵불을 자칭하던 이금이란 사람이 있었다. 그 역시 미륵 세계를 실현하는 데 실패하고 죄없는 백성들을 현혹*한 죄로 처형을 당했다.

조선 말 숙종 때에도 승려 여환이 미륵 사상으로 농민들을 무장시켜 서울에 들어오려다가 발각되어 처형당하였다.

이렇게 사회가 혼란한 때에는 미륵불을 자처하면서 백성

*현혹: 어떤 사물에 정신을 뺏겨 해야 할 바를 잊어버리는 것. 또는 그렇게 되도록 하는 것.

미륵불에는 온갖 억압과 고통을 극복하려는 소박한 농민들의 종교적 믿음이 서려 있다(경기 안성).

들을 유혹하는 사람들이 나타나곤 하였다.

그러나 조선 후기에 등장한 미륵 사상은 백성들의 가슴 깊숙이 새겨진 신앙이었다. 그렇기 때문에 마을 각지에 미륵불을 세웠던 것이며, 넓은 포용력으로 장승·솟대·기자석·성기석 등을 포용할 수 있었다.

미륵 신앙은 민속이나 칠성·용 신앙·무속 등 민간 신앙과도 결합하였다. 함흥 지방의 무가 '창세가'나 안동 지방의 무가 '바리데기'에 미륵이 등장하는 것도 미륵이 그만큼 넓은 포용력이 있었기 때문이다.

 의미 찾기

마을을 지켜 주는 미륵 부처님

마을을 지켜 주는 미륵불은 주로 마을 주변에 세워졌다. 그것은 마을에 도적이나 외적이 침입하거나 전염병이 돌아 생명을 빼앗아가는 것을 막기 위해서였다. 마을을 수호하는 장승이나 솟대가 마을 입구에 세워진 것과 같은 이유이다.

두 번의 전쟁 이후 백성들은 전염병을 가장 두려워했다. 의학이 발달하지 못한 조선 시대 사람들은 전염병을 주술적인 방법으로 치료하려 했는데, 미륵불을 마을 주변에 세워 전염병이 마을에 들어오지 못하도록 한 것이다.

　또한 미륵불은 무병장수와 집안의 번창 등 개인적 소원을 이루어 주는 신앙이기도 했다. 특히 성리학이 강화되었던 조선 후기에는 남자 아이를 특별히 선호하였다. 이로 인해 아들을 얻기 위해 미륵불이 만들어지기도 하였다.

　이처럼 조선 후기 마을 곳곳에 미륵불이 등장한 것은 온갖 억압과 고통을 극복하려는 소박한 농민들의 종교적 믿음 때문이었다.

풍요로운 삶을

가져다 준 솟대

전쟁과 자연 재해, 전염병으로부터 마을을 보호하려는 농민들의 의지가 담긴 솟대는
힘든 삶을 살아야 했던 백성들을 지켜 준 비팀목이자 소박한 희망이었다.

들어가기

마을을 지키고 풍농을 기원하는 솟대

솟대는 나무나 돌로 만든 새를 기다란 나무나 돌기둥 위에 앉힌 마을 수호신으로, 농경 시대 때부터 마을을 지켜 주고 농사가 잘 되기를 바라는 마음에서 마을 공동으로 세운 신앙물이었다.

아직까지도 솟대 신앙을 지키고 있는 마을에서는 음력 정월 대보름에 동제*를 지낼 때 마을 입구에 솟대를 세우기도 한다.

솟대는 마을 입구에 홀로 세워지기도 하지만, 대부분은 장승 · 선돌 · 돌탑 · 돌무더기 · 당수나무 등과 함께 세워졌다. 그 가운데 장승과 솟대가 한 짝이 되는 경우가 가장 많았다. 오늘날도 장승과 솟대를 따로 세우는 경우는 거의 없다.

장승과 솟대가 함께 있는 모습은 1894년 이래 네 차례에 걸쳐 우리 나라를 답사한 이사벨라 버드 비숍 여사의 《한국과 그 이웃 나라들》에서도 보인다.

*동제 : 마을에서 공동으로 지내는 제사와 굿.

마을의 외곽에는 반은 인간이고 반은 괴물의 얼굴이 새겨진 마을

솟대는 농경 시대 때부터 마을을 지켜 주고 농사가 잘 되기를 바라는 마음에서 세운 신앙물이었다(충남 논산).

솟대의 장대는 잡귀를 막아 주며, 그 위에 얹혀진 새는 풍농을 가져온다(전남 화순).

의 수호신(장승)과 함께 꽤 긴 작대기(솟대)가 있다.

그러나 장승과 솟대는 처음부터 함께 있었던 것이 아니라 조선 후기에 이르러 비로소 함께 세워진 것으로 보인다.

좀더 알아보기

솟대는 어떻게 마을을 지킬까?

장승과 솟대는 마을 입구에 세워져 마을을 지켜 주고 잡귀를 막아 준다. 솟대의 장대는 잡귀를 막아 주며, 그 위에 얹혀진 새는 풍농을 가져온다.

액을 막기 위해 솟대를 세우는 것은 은산 지방에서 전해져 내려오는 별신제에 잘 나타나 있다. 은산 별신제는 충청남도 부여군 은산면 은산리에 전해 오는 민속 놀이로 다음과 같은 재미있는 유래가 있다.

옛날 은산 지방에 토질병이 돌아 건강한 청년들조차도 병에 걸려 수없이 죽어갔다. 마을은 금세 근심과 공포에 휩싸이고 밤이면 나와 돌아다니는 사람조차도 없을 정도였다. 이 때 마을에 사는 한 노인이 대낮에 잠을 자다가 꿈을 꾸었다. 꿈 속에 하얀 말을 탄 장군이 나타나서 노인에게 말하는 것이었다.

"나는 백제의 장군 복신이다. 우리는 신라와 당나라 연합군을 맞아 수십 번이나 싸웠으나 패하고 말았다. 수많은 부하들이 죽임을 당하였고 나도 그들과 함께 했다. 그러나 우리들의 영혼은 아직도 편히 잠들지 못하고 떠돌아다니고 있다. 유골이 산과 들판에 아직도 뒹굴고 있기 때문에 편히 쉴 수가 없는 것이다. 만약 우리들의 유골을 거두어 잘 묻어 주면 마을의 전염병을 없애 주도록 하겠다."

노인은 마을 사람들과 함께 장군이 꿈에서 가리켜 준 곳을 찾아가 보았다. 그 곳에는 과연 수많은 유골이 흩어져 있었다. 노인이 이것들을 모두 모아 잘 묻으니 이내 토질병이 사라졌다. 이후로 은산 지방에서는 별신제라는 마을 제의를 지내게 되었다고 한다.

지금도 은산 마을 뒷산(당산)에는 옛날 백제 시대 때 쌓은 것으로 보이는 토성의 흔적이 남아 있고, 고목이 울창한 숲 속에 당집이 있다. 이 곳에서 백제를 재건하려다가 억울하게 죽임을 당한 복신 장군과 도침 대사의 넋을 위로하기 위해 별신제를 지낸다. 별신제는 장군제의 성격이기 때문에 축문*에는 중국과 한국의 옛날 명장들의 이름이 나온다.

별신제 마지막 날에는 마을 사방에 묵은 장승을 빼 버리

*축문 : 제사 때 하늘과 땅의 신령에게 고하는 글.

고 새 장승을 세운다. 그리고 화주집*에 세워 둔 진대*를 가져와 장승 옆에 세워 둔다. 장승과 솟대를 이중으로 세워 잡귀들이 마을 안에 얼씬거리지 못하게 하는 것이다.

솟대의 새도 액을 막아 준다. 마을에 따라서는 장대 위에 앉은 오리가 마을의 액운을 막아 준다고 믿는다. 또는 오리가 날아가는 방향으로 마을의 액운을 함께 내보내게 해 달라고 빌기도 한다. 어느 마을에서는 새가 날아와 앉는 것은 마을을 지켜 주기 위해서이며, 철새는 마을로 침입하는 잡귀를 막아 준다고 믿기도 한다. 또 어느 마을에서는 마을에 세워진 장승이 액이 침입하는 것을 솟대 위의 까치에게 알리면, 까치가 마을을 향해 크게 울었다고 한다.

이러한 예들은 모두 새가 액을 막아 주는 기능이 있음을 잘 보여 주고 있다.

액을 막는 것 이외에도 솟대는 농사를 잘 되게 한다고 믿었다. 가뭄이 들 때 비를 가져다 준다고 하여 여러 전설이 생겨나기도 하였다. 전남 진도군 임진면 삼막리에서는 거리제를 끝낸 주민들이 여러 놀이를 벌이며 논다. 이 때 짐대를 먼저 뽑는 사람이 그 해 농사를 잘 짓게 된다고 한다.

전북 정읍군 산외면 목욕리에서도 정월 대보름 동제를 지내는데, 이 때 솟대 위의 오리 주둥이에 물밥이라 하여 쌀과 동전을 넣은 주머니를 매단다. 이는 동명왕 설화에 나오는

* 화주집 : 제사에 쓸 제물을 준비하는 집.

* 진대 : 솟대 역할을 하는 기다란 장대.

보리 종자를 전하는 비둘기처럼 솟대의 오리가 농업신의 사자임을 보여 주는 좋은 본보기이다.

솟대가 청동기 시대부터 세워진 이유

기다란 나무를 세우는 풍습은 이미 청동기 시대부터 있어 왔다. 대전 근교에서 출토된 청동기 시대 유물인 농경문 청동기에 새 모양의 장대가 뚜렷이 새겨져 있다. 한편에서는 따비*로 농사를 짓고 한편에서는 두 마리의 새가 장대 위에 앉아 있는 모양이다. 청동기 시대는 쟁기를 사용하여 농사를 지을 만큼 기술이 발달하였다. 이러한 때 새는 농업신의 사자가 되어 농업을 여러 사람들에게 알리고 풍농을 보장하였던 것이다.

솟대의 기원을 알려 주는 기록으로는 《삼국지》〈위지동이전〉이 있다.

여러 나라에 각각 별읍이 있고 이것을 소도라고 한다. 소도에는 큰 나무를 세워서 방울과 북을 달아 귀신을 쫓는다.

이 기록에서 소도에 세운 큰 나무란 솟대를 가리키는 말이다. 솟대는 수살대 · 추악대라고도 부르는데, 눈에 보이지

*따비 : 땅을 일구는 농기구의 일종.

않는 악령을 지키는 대라는 뜻이다. 이처럼 솟대에는 옛날부터 어려움을 극복하고 조심스럽게 살아가려던 조상들의 경건한 마음이 담겨 있다.

청동기 시대에 솟대를 세우는 풍습은 고려 시대에도 계속 이어졌다. 송나라 사신 서긍이 쓴 《고려도경》에는 솟대에 대한 기록이 보인다.

옛부터 창기와 광대들이 사는 곳에는 긴 장대를 걸어서 보통 사람들의 집과 구별하였다. 그러나 지금은 그렇게 하지 않는다고 한다. 이 풍속은 귀신을 쫓고 압승*을 비는 도구인 것 같다.

이 기록으로 보아 고려 시대에는 돌이나 구리·나무로 된 장대들이 곳곳에 세워졌으며, 이 장대가 솟대와 같이 귀신을 쫓는 대상물이었음을 알 수 있다.

그러면 왜 청동기 시대에 솟대 신앙이 생겨났을까?

솟대 신앙은 청동기 시대에 만들어진 천신 신앙과 깊은 관계가 있다. 천신 신앙은 자신이나 자신의 부족을 하느님의 자손이라고 믿는 신앙이다. 이 신앙은 청동기 시대에 부족 간의 전쟁이 심해지고 우세한 부족이 힘이 약한 부족을 누르는 데 도움을 주었다.

청동기 시대에 접어들면서 농업 생산력의 증가로 인해 부

* 압승 : 상대방을 눌러 이김.

유한 부족과 가난한 부족이 생겨나게 되었다.

그러자 부유한 부족들은 가난한 부족들을 힘으로 누르고 지배하게 되었다. 이들은 약한 부족들을 다스리기 위해 나라를 세우고 자기 부족을 하느님이나 하느님의 아들이라고 선전하는 신화를 만들었다.

그리고 하늘에 제사 지내는 제천 의식을 벌이며 나라를 다스렸다. 나라를 다스리는 데 종교적인 힘을 이용한 것이다.

족장이나 제왕·샤먼들은 하늘(천신)의 뜻을 알기 위해 자주 하늘 나라에 오르내렸다. 이들이 우주로 가기 위해서는 우주나무가 필요했는데, 이 때문에 장대를 세우는 솟대 신앙을 만들었던 것이다.

고조선을 세운 단군의 아버지 환웅도 하늘의 자손이다. 환웅은 천신인 환인의 명령으로 태백산 꼭대기 신단수를 통해 땅으로 내려왔다. 그의 아들 단군도 천제단에 올라 하느님께 제사를 올렸다. 이는 소도에 나무 장대를 세우고 북과 방울을 다는 것과 같은 의미이다. 태백산과 신단수가 자연 그대로의 우주산과 우주나무라면, 소도와 나무 장대는 사람들이 사는 마을에 만들어 세운 우주산과 우주나무였다.

그럼 세계의 중심이 되는 우주나무 위에 앉아 있는 새는 어떤 의미일까? 하늘을 자유롭게 오르내리는 새는 고대인들에게 천상[*]의 안내자였다.

《삼국지》〈위지동이전〉 변진조에 '변진에서는 사람이 죽으면 장례를 큰 새의 깃털로 꾸미는데, 이는 죽은 이가 하늘로 날아오르기를 바라는 뜻이다.' 라는 기록이 있다. 고대인들은 사람이 죽으면 원래 고향인 하늘나라로 돌아간다고 믿었다. 이 때 사람의 영혼을 하늘로 인도하는 안내자가 새였던 것이다.

고구려 고분 벽화 속에 나오는 무사들의 모자에 꽂혀 있는 깃털이나 신라의 왕릉에서 출토된 금관 위에 있는 새 모양도 모두 새를 숭배했던 증거이다.

이렇게 볼 때 솟대는 청동기 시대에 족장들이 하늘의 뜻을 알기 위해 하늘 나라로 올라가는 데 필요한 우주나무와 천신의 사자인 새가 결합된 신앙이라 할 수 있다.

장대 위의 새는 왜 하필 오리였을까?

장대 위에 앉아 있는 새는 기러기나 까마귀 등으로 불리기도 하지만 대체로 오리라고 부른다. 왜 그 많은 새들 중에서 오리를 택했을까?

오리의 가장 큰 특징은 물새이다. '꿩 새끼를 길러 놓으면 산으로 가고 오리 새끼는 물로 간다.' 는 속담처럼 오리는 물

*천상 : 하늘의 위.

가야의 고분에 오리형 토기가 함께 묻힌 것도 오리가 영혼을 실어 나르는 능력이 있다고 믿었기 때문이다(국립 경주 박물관 소장).

에 사는 대표적인 새이다. 오리는 물뿐만 아니라 하늘이나 물 속까지 자유롭게 왔다갔다하기도 한다.

오리가 갖는 물의 이미지는 비와 천둥을 지배하는 새라고 믿게 하는 요인이 되었다. 벼농사를 위주로 하는 농경민들에게 오리는 비를 가져다 주는 신으로 숭배되었던 것이다.

한편 오리는 물을 지배하기 때문에 화재를 막아 준다고도 믿었다. 오리가 있는 마을은 강이나 바다로 여겨지기 때문에 불의 신이 오다가 멈춘다는 것이다. 불의 신이 침입한다 해도 오리가 불을 막아낼 수 있다고 생각한 것이다.

오리는 가을에 북쪽에서 내려오는 겨울 철새로서 계절의 변화를 알려 주기도 한다. 철새는 일정한 계절을 주기로 하여 나타났다가 사라지고 다시 찾아온다. 이 주기성으로 이승과 저승, 인간과 신의 세계를 넘나드는 신비로운 새로 여겨졌다. 가야의 고분에 오리형 토기가 함께 묻힌 것도 오리가 영혼을 실어 나르는 능력이 있다고 믿었기 때문이다.

오리는 또한 다산*성을 상징한다. 닭이 1년에 200개의 알을 낳는다면 오리는 약 300개의 알을 낳는다. 알을 낳는다는 것은 곧 생산을 뜻한다. 오리가 알을 낳듯이 솟대의 영험*으로 마을에 풍요가 깃든다고 믿었던 것이다.

'행주형 솟대를 세우면 홍수를 막을 수 있다'

풍수 지리 사상과 출세를 우선으로 하는 사회 분위기 속에서 장원 급제 솟대와 행주형 솟대도 세워졌다. 장원 급제 솟대는 장원 급제한 것을 기념하기 위해 세운 솟대이다. 이러한 솟대는 마을 입구나 장원 급제한 사람의 집 문 앞과 선

* 다산 : 아이 또는 새끼를 많이 낳음.

* 영험 : 불가사의한 효험.

솟대는 청동기 시대에 족장들이 하늘의 뜻을 알기 위해 필요한 우주
나무와 천신의 사자인 새가 결합된 신앙이다 (경기도 용인).

산에 세웠다. 원래는 급제자의 수만큼 세우는 것이어서 급제자를 많이 낸 마을이나 문중에서는 솟대를 많이 세우기도 했다.

행주형 솟대는 배가 떠나가는 모양의 마을에 세워졌다. 이런 마을의 주민들은 배를 타고 있는 것과 같으니 홍수가 나도 걱정 없다고 믿었다. 반면 홍수에 흘러가기 쉬우니 배 모양의 땅을 붙들어 맬 고리가 필요하다고 보았다. 그래서 행주형 지세에 많은 고리봉 전설이 생겨난 것이다.

홍수가 나서 마을이 물에 잠기면 산꼭대기 물에 잠기지 않은 바위에 말뚝을 박아 고리를 달아서 배를 매어 두었다고 한다. 그래서 이 봉우리를 고리봉이라고 부른다. 한강 남쪽에만 해도 780여 곳에 고리봉 전설이 있다고 하니, 홍수에 대한 공포와 경계심이 얼마나 강했는지 알 수 있다.

행주형 지세의 마을에는 대개 홍수 설화가 여러 편씩 전해진다. 팔공산 줄기에 자리잡은 경북 군위군 부계면 대율동 마을에도 역시 홍수 설화가 전해지고 있다. 천지가 처음 열릴 때 세상이 온통 물로 가득 차 있었다고 한다. 그 때 이 마을의 동편 통시골 꼭대기에는 통시, 즉 변소로 쓸 만큼의 땅만 물에 잠기지 않고 남아 있었다. 서편 매봉채에는 매가 날아와서 앉을 만큼의 땅만 남아 있었다. 그래서 산 이름이 통시골과 매봉채라고 한다.

두 산이 있는 대율동은 예전부터 배터라고도 불린다. 이 때문에 마을 한복판에 우물을 파지 않고 가장자리에 우물을 파서 이용한다. 곧 대율동은 홍수 때도 살아남을 수 있는 배터인 것이다.

그러나 이 배를 더 안전하게 하기 위해서 마을 입구에 오리 솟대를 세웠다. 예전에는 나무로 된 오리 솟대를 정남향으로 세워서 마을 안을 바라보게 하

보통 나무로 된 오리 솟대를 정남향으로 세워서 마을 안을 바라보게 하고 그 위에 나무 오리를 앉혔다(강원 봉평).

고, 그 위에 나무 오리를 앉혔다. 그러나 나무가 잘 썩어서 자주 만들어야 했기 때문에 지금은 화강암과 시멘트로 솟대를 세웠다. 그 위에는 화강암으로 깎은 풍만한 오리를 앉혔다. 이 솟대는 진동단으로 불리는데, 대율동을 지키고 팔공산 전체를 보호한다고 한다.

오리와 홍수와의 관련성은 이규보의 《동국이상국집》 '동명왕 편'에도 잘 나타나 있다.

그 사슴의 구슬픈 울음소리는 하늘에까지 이르렀다. 7일 동안의 장마에 송양의 도읍은 물에 잠겨 버렸다. 이때 왕(주몽)은 갈대줄을 강에 질러 놓고 오리말을 타고 있었다. 백성들은 모두가 그 줄을 붙들고 있었다. 주몽이 채찍으로 물에 금을 그으니 물이 줄어들었다.

주몽과 백성들은 홍수 속에서 살아남기 위해 오리말과 갈대줄을 사용했다. 여기서 오리말이란 말과 물새인 오리를 연결지어 만든 구원의 존재이다. 이 오리말은 홍수 속에서도 주몽과 백성들을 구원해 주는 신마*였던 것이다.

홍수가 잦았던 행주형 마을에 세우는 솟대도 다른 솟대와 마찬가지로 마을을 지키고 농사가 잘 되게 해 달라는 뜻이 담겨 있다. 그러나 마을 입구에 세우는 일반 솟대와 달리 마을 중앙에 세우기도 한다. 한 개가 아니라 여러 개가 모셔지

*신마 : 신이 타고 다니는 말.

*항진 : 배를 타고 나아감.

기도 한다. 이는 큰 배에는 돛대가 여러 개 있는 이치와 같다. 행주형 지세 자체가 구원의 땅이지만 배의 순조로운 항해를 위해서는 반드시 돛대가 필요했다. 그리고 이 돛대 위에는 배의 순항을 방해하는 잡귀를 쫓고 올바른 항진*을 기원하는 오리를 앉혔던 것이다.

 의미 찾기

솟대에 담긴 마음

솟대는 오랜 역사를 가지고 있지만 마을 수호신으로 신앙된 것은 조선 후기의 일이다. 솟대가 조선 후기에 널리 퍼졌음은 유랑 예인 집단인 솟대쟁이패를 보면 알 수 있다. 놀이판 한가운데에 솟대와 같은 큰 나무를 세우고 줄을 늘어뜨려서 갖가지 재주를 부린 데서

솟대는 힘든 삶을 살아야 했던 백성들을 지켜 준 버팀목이었으며, 소박한 희망이었다 (경기 평택).

솟대쟁이패란 이름이 붙었다고 한다. 이 패거리는 곡예를 위주로 했으니, 서커스의 원조격이라고 할 수 있다. 이들은 솟대 타기를 주로 했는데, 높은 장대에 매단 평행봉 넓이의 두 가닥 줄 위에서 물구나무서기, 두손 걷기, 한손 걷기, 고물 묻히기 따위의 묘기를 보이는 것이다. 당시 대중의 사랑을 받던 예인 집단 이름에 솟대가 붙은 것으로 미루어 보아 조선 후기에는 솟대가 보편적이었음을 알 수 있다.

그러면 조선 후기 사람들은 왜 솟대를 세웠을까? 조선 후기의 백성들은 임진왜란과 병자호란이란 커다란 전쟁을 두 번이나 겪어야 했다. 농토는 황폐화되었고 자연 재해가 끊임없이 발생하여 심한 굶주림에 시달렸다. 거기다가 전염병까지 유행하여 농민들은 살아갈 길이 막막했다.

이런 비참한 상황에서 삶의 터전인 마을을 지키려는 마음에서 솟대를 세운 것이다. 마을 입구는 마을 사람뿐만 아니라 마을을 파괴하려는 침입자들이나 온갖 잡귀들이 드나드는 길목이었다. 그래서 이것들로부터 마을을 보호하려는 뜻에서 마을 입구에 장승과 함께 솟대를 세웠다. 마을 입구에 강한 신성인 장승과 솟대를 세워 마을을 지키려 했던 것이다. 이처럼 솟대는 힘든 삶을 살아야 했던 조선 후기 백성들을 지켜 준 버팀목이었으며, 소박한 희망이었다.

제 2 부

풍수지리설 · 정감록 · 동학

나라의 균형 발전을
제시한 풍수 지리설

고려는 풍수 지리설에 따라 개경·남경·서경 등 세 곳에 도읍을 둠으로써
나라를 균형있게 발전시킬 수 있었으니, 풍수 지리설은 어떻게 활용하느냐에
따라 유익하기도 하고 해롭기도 했던 것이다.

들어가기

풍수 지리설을 이용하여 민심을 모은 고려 태조 왕건

풍수 지리설이란 산과 땅의 모양을 살펴 도읍지·집 자리·묘지 등을 정하는 지리학이다. 풍수 지리설은 미래에 닥쳐 올 길흉 화복을 예언하는 도참설과 결합하면서 종교적인 요소가 강해졌다. 풍수 지리설이 사회를 변화시킬 이론이 된 것도 바로 도참설과 관련되면서부터이다.

풍수 지리설이 가장 유행한 때는 고려 시대였다. 도선 국사가 고려 태조 왕건이 왕이 될 것이라 예언한 사실이 알려지면서부터 풍수 지리설은 더욱 유행하게 되었다.

풍수 지리로 유명한 도선 국사가 고려 왕조에 큰 영향을 미칠 수 있었던 것은 왕건의 아버지와 만나면서부터이다. 도선은 왕건의 아버지를 송악에서 만나 그의 집터를 잡아 주었다. 그리고 왕건이 훗날 후삼국을 통일하고 왕이 될 것이라고 예언하였다. 이에 왕건은 혼란한 후삼국을 통일하고 고려를 세우면서 도선의 풍수 도참설을 이용하여 민심을 모았던 것이다.

'건'자를 삼대에 걸쳐 붙여야 왕이 난다

왕건의 할아버지 작제건은 어려서부터 총명하고 서예와 활쏘기에 뛰어났다. 오륙 세 되던 해 그는 아버지가 당나라 황제인 숙종이라는 사실을 알게 되었다.

아버지를 그리워하던 작제건은 마침 당나라로 가는 신라 사신의 배에 올랐다. 며칠을 항해하여 배가 바다 한복판에 이르렀을 때였다. 구름과 안개가 자욱하여 배가 사흘 동안이나 움직이지 못하였다. 그 때 신라 사신 김량정의 꿈에 백발 노인이 나타나 말했다.

"그대가 만일 고려인을 내려놓으면 순풍을 얻을 것이다."

이 말을 들은 작제건은 활과 화살을 들고 바다로 뛰어내렸는데, 다행히 바위 위에 떨어져 살 수 있었다. 그러자 언제 그랬냐는 듯 안개가 걷히고 순풍이 불어 배는 나는 듯이 가 버렸다.

얼마 있자 한 노인이 작제건 앞에 나타나 하소연을 했다.

"나는 서해의 용왕입니다. 그런데 요사이 저녁 무렵이면 늙은 여우 한 마리가 나를 괴롭힙니다. 부처의 모습으로

이 바위 위에 내려와 소라 나팔을 불고 북을 치면서 경을 읽습니다. 이 소리를 들으면 머리가 매우 아픕니다. 그 화살로 늙은 여우를 잡아 주세요."

과연 저녁때가 되니 노인의 말대로 하늘에서 한 사람이 내려왔다. 노인의 말대로 부처님의 모습을 하고 있어서 감히 활을 쏠 수 없었다.

그러자 노인이 다시 나타나 재촉했다.

"늙은 여우가 분명하니 빨리 활을 쏘시오."

이에 작제건이 화살을 날리자 늙은 여우 한 마리가 화살에 맞아 떨어지는 것이었다.

서해 용왕은 작제건을 용궁으로 데리고 가 은혜를 갚고자 했다.

"그대는 당나라로 가서 아버지를 만나겠는가, 아니면 칠보*를 가지고 송악으로 돌아가 어머니를 모시겠는가?"

"나의 소원은 동방의 임금이 되는 것입니다."

"동방의 임금이 되려면 '건' 자가 붙은 이름으로 삼대를 거쳐야 한다."

이렇게 말하며 용왕은 다른 소원을 들어주겠다고 하였다.

작제건은 용왕의 딸을 신부로 달라고 부탁했다. 용왕은 흔쾌히 허락하여 작제건은 용왕의 맏딸에게 장가를 들었다.

그가 칠보를 가지고 돌아가려고 하는데 부인인 용녀가 말

* 칠보 : 일곱 가지 보배.

강화도에 있는 고려 궁지.

했다.

"아버지에게는 칠보보다 더 귀중한 보물인 버드나무 지팡
이와 돼지가 있습니다. 그러니 그것을 달라고 하세요."

작제건은 부인이 시키는 대로 지팡이와 돼지를 얻어 가지
고 돌아갔다.

집으로 돌아오자 마을 사람들이 용왕의 딸에게 장가를 들
었다며 큰집을 지어 주었다. 그런데 일 년이 지나도록 데리
고 온 돼지가 우리로 들어가려 하지 않았다. 이상해서 풀어
놓았더니, 송악산 남쪽 기슭으로 가는 것이었다. 작제건은
그 곳에 새집을 짓고 영안성과 송악(지금의 개성)을 왕래하

며 삼십 년을 살았다.

작제건은 네 아들을 낳았는데 맏아들이 용건이었다. 이 사람은 후에 융건이라 고쳐 불렀는데, 바로 태조 왕건의 아버지이다. 융건은 송악산 옛 집에서 여러 해를 살다가 남쪽에 새 집을 지어 이사하였다. 그 곳이 바로 고려 연경궁 봉원전 터이다.

왕건은 도선 국사가 정해 준 이름

그런데 하루는 도선이라는 스님이 당나라에서 풍수 지리를 배우고 돌아가는 길에 송악에 이르러 융건의 집을 보게 되었다. 집터를 둘러본 도선은 "기장(조)을 심을 터에 왜 삼을 심었는가?"라고 말하고는 홀연히 가 버렸다. '기장'을 뜻하는 제(穄)는 '왕'을 뜻하는 제(帝)와 음이 같으므로 왕씨가 왕이 된다는 사실을 암시한 것이다. 부인으로부터 이 말을 전해 들은 융건은 황급히 도선 국사를 뒤따라갔다.

두 사람은 금방 친해져 깊은 이야기까지 나누게 되었다. 도선은 융건과 함께 송악산에 올라가 산수를 살피고는 이렇게 말했다.

"이 땅의 지맥은 백두산에서부터 내려와 말머리 모양의 명당(고려 왕궁 터)에 떨어졌습니다. 이 곳에 서른여섯 칸의 집을 지으면 큰 운이 따를 것입니다. 내년에는 반드시

도선 국사가 창건한 것으로 알려진 전남 화순의 운주사 천불천탑.

슬기로운 아들을 낳을 것이니 이름을 왕건이라 지으십시
오.”

　그러고는 아이가 장성하거든 전해 주라면서 《도선비기》
를 주었다. 그 봉투에는 ‘삼가 글을 받들어 백 번 절하면서
미래에 삼한을 통일할 대원군자에게 드리노라.’ 라고 쓰여
있었다.

융건은 도선의 말대로 서른여섯 칸의 집을 짓고 살았다. 과연 얼마 후 부인 한씨가 아들을 낳으니, 그가 바로 고려 태조 왕건이다.

이처럼 고려는 풍수 지리설을 빌어 송악을 왕씨의 신비로운 발상지[*]로 미화하고 있다. 그리고 풍수 지리의 대가인 도선을 끌어들여 태조 왕건의 출생이 신성함을 증언하고 있다. 이는 고려가 삼국을 통일한 것은 이미 하늘이 정한 뜻이었음을 보여 주려 한 것이다. 또한 왕건은 당나라 황제의 핏줄이며 천자의 상이기 때문에 왕이 되는 것은 당연한 일이라고 백성들이 믿게 하였다.

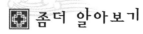

좀더 알아보기

절이나 탑을 세워 재앙을 막는다

풍수 지리설을 정치적으로 이용했던 왕건은 자손들을 훈계하기 위해 지은 '훈요십조'에서 정해진 곳이 아니면 함부로 사원을 짓지 말도록 당부하였다.

사원은 모두 도선이 고른 자리에 지은 것이다. 도선은 일찍이 '내가 점쳐서 정한 곳이 아니면 함부로 사원을 세우지 말라. 만약 함부로 사원을 세우면 땅의 덕이 손상되어 나라

* 발상지 : 나라를 세운 임금이 난 땅.

도선 국사는 운주사 입구에 해당하는 곳에 천 개의 부처와 천 개의 탑을 만들어 땅의 기운을 무겁게 눌러 놓았다고 한다.

의 운명이 길하지 못할 것이다.' 라고 하였다. 신라는 말기에
함부로 사찰을 이곳 저곳에 세워 나라가 망했으니 이를 경
계해야 했다.

왕건은 도선의 말에 따라 전국 곳곳에 절을 지었다. 이것
을 비보사찰이라고 한다. 비보사찰은 고려 왕조를 보호하고
왕의 기운이 있는 땅을 누르기 위해 짓기도 했다. 전라도 화
순에 있는 운주사 주변에는 현재 100여 개 정도의 돌부처와
돌탑이 남아 있다. 그러나 이 곳에는 원래 천여 개의 돌부처
와 돌탑이 있었다고 한다. 이 돌부처와 돌탑들은 모두 도선

대표적인 비보탑인 월정사 팔각구층석탑.

국사가 만든 것이라고 전해진다.

도선 국사가 우리 나라의 형세[*]를 가만히 보니 운주사 주변은 배 모양처럼 생겨서 왕이 날 지형이었다. 그래서 입구에 해당하는 곳에 천 개의 부처와 천 개의 탑을 만들어 땅의 기운을 무겁게 눌러 놓았다고 한다. 하룻밤 사이에 부리나케 천불천탑을 만드느라 모두 조잡하게 만들었다는 것이다. 이 사실을 뒷받침해 주는 듯 현재 이 곳에 남아 있는 돌부처와 돌탑들은 모두 투박하고 조잡한 모양을 하고 있다.

이처럼 고려에서는 신비한 부처님의 도움을 얻기 위해 많은 절을 세웠다. 또 풍수 지리적으로 결함이 있으면 탑을 세워 보완했는데, 이를 비보탑이라 한다.

대표적인 비보탑으로는 월정사 팔각구층석탑(국보 48호)이 있다. 월정사는 일찍부터 풍수가들이 부처님의 법이 번

* 형세 : 산과 땅이 생긴 모양과 기운.

창할 곳으로 지목하였다 한다. 《삼국유사》에 따르면 오대산 월정사의 석탑이 불당 중앙에서 동쪽으로 약간 치우쳐 있어서 처현 스님이 중앙으로 옮겨 놓았는데, 이 때부터 절에 영험이 나타나지 않았다고 한다. 그런데 어느 날 지관이 보고는 '탑을 세울 곳이 아닌데 왜 동쪽으로 옮기지 않느냐.' 라고 탄식하여, 탑을 원래 자리로 옮겨 놓으니 다시 영험이 나타났다고 한다.

현재 월정사 팔각구층석탑은 중앙에서 동쪽으로 약 170cm 정도 비껴 서 있어 이 기록과 일치하고 있다. 이 탑은 풍수 지리설과 관련하여 만들어진 비보탑이기 때문에 이와 같은 설화가 전해진 것이다.

개성은 땅의 기운이 다했다

고려 시대에는 잦은 외침과 내란, 권문세족*들의 횡포로 왕실이 하루도 마음 편할 날이 없었다. 무력해진 왕들은 부처님의 힘과 땅의 덕으로 나라를 지키려고 하였다. 그러다 보니 자연히 개성의 기운이 약해져서 그렇다는 말이 나돌아 개성보다 땅 힘이 왕성한 곳으로 도읍을 옮겨야 한다는 '천도론'이 고개를 들기 시작하였다.

도읍을 옮겨야 한다는 주장은 고려 초인 정종 때부터 있

* 권문세족 : 벼슬이 높고 권세가 있는 집안.

었다. 그러다가 왕권이 약해지고 권신들의 반란이 끊이지 않던 중기에 이르러선 여러 가지 참설들이 유행하였다. 개성 땅의 기운이 쇠하였다거나 왕씨의 집권은 12대로 끝난 다, 왕조의 성씨가 이(李)씨로 바뀐다는 등의 참설이 그것이었다.

개성은 도선 국사가 천년 도읍으로 정한 명당이었다. 그럼에도 나라를 세운 지 얼마 안 되어서부터 천도*론이 등장한 것은 반란이 자주 일어났기 때문이다. 정치가 혼란에 빠질 때마다 도읍인 개성의 기운이 쇠약해져서 그렇다는 말이 떠돌았다.

이러한 참설들에 따르면, 개성의 기운이 급속히 쇠약해진 이유는 남경(한양)의 삼각산(북한산)이 개성을 도적처럼 호시탐탐 엿보기 때문이라고 하였다. 삼각산이 개성을 편치 못하게 하는 도적으로 몰린 사연은 다음과 같다.

도선 국사는 개성을 고려의 천년 국도로 정해 주면서 한 가지 실수를 하고 말았다. 개성의 지리를 살필 때 날씨가 너무 흐려 그만 멀리 동남쪽에 있는 삼각산을 미처 보지 못한 것이다. 그 후 어느 맑은 날 남쪽을 바라보니 삼각산이 개성을 훔쳐 가려는 모습 같아 국도의 국운이 날로 쇠해 간다는 것이었다. 그래서 삼각산이 바라보이는 쪽의 큰 바위에 장명등*을 달고, 쇠로 만든 개 열두 마리를 세웠다고 한다. 등

* 천도 : 도읍을 옮기는 것.

* 장명등 : 능묘 앞에 세우고 불을 밝혀 나쁜 기운을 쫓는 등.

개성의 기운을 빼앗아 갔다는 삼각산. 이로 인해 천도론이 대두되었다(북한산 계곡).

불을 훤히 밝혀 놓고 개를 세워 놓으면 도적이 침입하기 어렵기 때문이었다.

남경(한양)으로 도읍을 옮기소서

개성 다음의 도읍지로 자주 거론된 곳은 남경(한양)과 서경(평양)이었다. 남경으로 도읍을 옮겨야 한다고 주장했던 대표적인 사람이 김위제이다. 그는 풍수 지리에 능통했는데, 숙종 원년(1095년) 도선의 비기에 따라 도읍을 남경으로 옮겨야 한다고 주장하였다.

"도선의 비기에는 고려의 땅에 3개의 서울인, 송악(중경)·목멱양(남경)·평양(서경)이 있다고 하였습니다. 그래서 11·12·1·2월은 중경에서 지내고, 3·4·5·6월은 남경에서 지내며, 7·8·9·10월은 서경에서 지내면 서른여섯 나라가 와서 조공*을 할 것이라고 하였습니다. 또 건국한 후 160여 년에 목멱양에 도읍한다고도 하였습니다. 그러므로 지금이 바로 도읍을 옮길 때라고 봅니다."

이어서 김위제는 《신지비사》를 인용하여 새로운 도읍을 세워야 한다고 주장하기도 하였다.

"저울은 극기와 끝이 반듯해야 나라가 융성하고 태평하게 된다. 만약 이 세 곳에 도읍하면 70개 나라에서 조공할 것이며 땅의 덕과 신령의 보호를 입을 것이다."

이 글에서 저울이란 3곳의 서울을 비유한 것으로서, 저울대는 개경, 저울추는 남경, 저울판은 서경을 뜻한다. 김위제는 도선의 풍수 지리설을 근거로 삼경을 둘 것과 남경 천도를 주장하였던 것이다.

김위제가 남경 천도를 주장한 것은 숙종이 왕이 된 사건과 밀접하게 관련되어 있다. 선종이 죽은 뒤 몸이 약한 헌종이 11세의 나이로 왕이 되자 어머니인 사숙태후가 정치를 대신하였다. 그러자 지배 세력 간에 권력 다툼이 일어났다. 그 중 이자의는 한산후를 왕으로 추대하려고 난을 일으켰다.

*조공 : 힘이 약한 나라가 강한 나라에 때맞추어 예물을 바치는 일.

이자의는 군사들에게 말하기를 '임금이 병이 있어 밖에서 왕위를 엿보는 자가 있으니 마땅히 힘을 다하여 한산후를 받들어야 한다.' 고 하였다.

이자의가 한산후를 왕으로 추대하려 한 이유는 두 가지였다. '훈요십조'에서 왕건은 '만약에 맏아들이 불초*하거든 둘째에게 전해 줄 것이며, 둘째도 불초하거든 형제 가운데 여러 사람의 추대를 받은 자에게 왕위를 잇게 하라.'고 말했기 때문이다. 즉 장자 상속이었던 조선 시대와는 달리, 고려에서는 형제 간에 왕위를 계승할 수 있었던 것이다.

헌종의 뒤를 이어 왕위에 오를 수 있는 사람은 헌종의 이복 동생 한산후였다. 그리고 이자의는 그의 후견인이었다. 이자의와 한산후의 입장에서 볼 때 '밖에서 왕위를 엿보는 자'는 바로 헌종의 숙부들, 즉 선종의 동생들이었던 것이다. 선종의 동생들 중 가장 주목받은 사람은 나이가 제일 많았던 계림공이었다.

추측대로 계림공은 이자의를 제거하고 헌종에게 왕위를 물려받았으니, 그가 바로 숙종이다.

비정상적인 방법으로 왕위에 오른 숙종은 왕권을 강화하기 위해 여러 가지 정책을 펼쳤다. 그 가운데 하나가 남경(한양) 건설이었다. 김위제의 주장으로 남경이 건설되기 시작하여 숙종 9년에는 궁궐이 완성되었다. 숙종은 헌종과 한산

*불초 : 어버이의 덕망을 따르지 못할 만큼 못나고 어리석은 것. 또는 그런 사람.

후·이자의를 비롯한 개경 귀족들의 세력을 약화시키고 왕권을 안정시키기 위해서 남경에 궁궐을 세운 것이다.

숙종은 풍수 지리설을 이용하여 서경과 남경을 중시함으로써 세력 균형을 이루고자 했던 것이다.

서경 천도와 묘청의 난

새로운 도읍을 건설하려는 움직임은 인종 임금 때에는 서경 중시로 나타났다. 그 대표적 인물이 묘청(?~1135년)이다. 인종 임금이 왕위에 오른 지 4년 만에 이자겸이 난을 일으켜 궁궐이 불타고 나라 안은 어수선하였다. 이 때 밖으로는 금나라에 신하의 예를 취하게 되어 백성들은 허탈감에 빠졌다.

이러한 안팎의 정세를 정치적으로 이용하여 개경의 문벌 귀족을 넘어뜨리고 새로운 정치를 도모하려 한 것이 묘청·백수한·정지상 등 서경 세력이었다.

이들은 개경 땅의 덕이 쇠하였으므로 땅의 기운이 왕성한 서경으로 천도하자고 주장하였다. 그렇게 하면 금 나라도 스스로 항복하고 해외의 여러 나라가 조공할 것이라고 하였다.

묘청의 서경 천도론은 약화된 왕권을 부흥시키려는 인종에게 큰 지지를 받았다. 그러나 김부식을 중심으로 한 개경파 문벌 귀족들이 강력히 반대함으로써 실행할 수 없게 되었다.

이에 묘청은 인종 13년(1135년) 서경에서 반란을 일으켰다. 나라 이름을 대위, 연호를 천개라 하였다. 그러나 결국 김부식이 이끈 관군에게 1년 만에 진압되고 말았다.

인종이 서경으로 천도하려 한 것은 왕권을 강화하기 위해서였다. 인종은 땅의 힘이 약해져 가는 개경을 버리고 새로이 서울을 정해서 국가의 운명을 연장해 보려 한 것이다. 그러나 개경 문벌 귀족들의 반대에 부딪혀 실패하고 말았다.

이야기 속으로

조상 묘를 잘 써서 왕이 된 이성계

고려 태조 왕건이 도선 국사의 도움으로 왕위에 올랐다면, 조선의 태조 이성계는 무학 대사의 도움으로 왕이 되었다고 할 수 있다.

이성계는 아버지가 돌아가시자 좋은 묏자리에 장사지내기 위해 용한 지관을 찾았으나 뜻을 이루지 못했다. 그러던 어느 날 하인이 산에 나무하러 갔다가 두 스님이 하는 이야기를 들었다.

나이가 좀 든 스님이 젊은 스님에게 물었다.

"이 곳에 왕이 날 땅이 있는데, 너도 아느냐?"

"세 갈래로 내려온 산중에서 지맥이 떨어져 짧은 기슭을 이루는 곳인 것 같습니다."

그러자 나이 많은 스님이 혼잣말을 했다.

"아래는 재상이 날 자리이고, 위는 당대에 왕이 날 자리니라."

두 사람의 이야기를 들은 하인은 이성계에게 보고 들은 대로 그대로 전하였다. 이성계가 달려가 보니 두 스님이 길가에서 지팡이를 멈추고 쉬고 있었다.

이성계가 말에서 내려 큰절을 올리며 공손히 청하였다.

"누추하지만 잠시 저희 집에 들렀다 가시지요."

두 사람은 갈 길이 멀다며 사양했지만 이성계는 포기하지 않고 성의를 다해 간청하였다. 그러자 두 스님은 지극한 정성이라 물리치기 어렵다며 마침내 허락하고 말았다.

이성계는 두 스님을 조용한 방에 머물게 한 다음 예의와 정성을 다해 대접하였다. 그리고 이렇게 청하였다.

"제가 지금 부친상을 당하였습니다. 좋은 곳에 모시고자 하는데, 스님께서 가르쳐 주십시오."

이성계가 눈물을 흘리며 간청하자 두 사람은 산으로 올라갔다.

"첫째 혈은 왕후가 날 자리이고, 둘째 혈은 재상이 날 자

리입니다. 둘 가운데 하나를 고르시
지요."

"첫째 자리가 좋겠습니다."

"너무 지나치지 않소."

"큰 것을 얻으려 해도 작은 것을 얻
는 일이 많지요. 그러니 왕이 날 자
리로 하겠습니다."

이성계의 말을 들은 두 사람은 원하
는 대로 하라고 허락하였다.

이 이야기는 차천로(1556∼1615년)가
쓴 《오산설림초고》에 실려 있다. 늙은
스님은 무학 대사의 스승인 나옹 화상
이며, 젊은 스님은 바로 무학 대사라고

무학 대사의 부도(부도는 승려의 사리나 유골을 모신
탑을 말한다.)(경기 양주).

한다. 이성계는 나옹 화상과 무학 대사가 점지해 준 명당에
아버지를 장사지낸 지 얼마 되지 않아 왕위에 오른 것이다.

이처럼 나라를 세울 때에는 풍수 지리설와 연관짓는 경우
가 많다. 그런 까닭에 고려 왕실에서는 도선의 풍수 도참설
을 지나치게 믿었고, 권문 세족들도 명당에 집터를 잡는 데
몰두했다. 뿐만 아니라 승려들도 명산이나 명당에 많은 절
과 탑을 세웠다. 왕실과 귀족들이 앞장 서서 풍수 지리설에
빠져 헤어나질 못했던 것이다.

조선 시대에는 조상의 묏자리를 잘 쓰려는 묘지 풍수가 성행했는데 병폐가 심했다고 한다. 좋은 곳이면 아무리 산이 높아도 가리지 않고 무덤을 썼다. 남의 땅이어서 사들일 수 없으면 몰래 무덤을 쓰기도 했다. 남의 무덤을 파내고 조상의 무덤을 강제로 쓰는 경우도 있었다.

그러나 풍수 지리설이 나쁜 영향을 미쳤던 것만은 아니다. 고려 시대 풍수 지리설은 단순히 미신에 그치지 않아 정치적인 문제를 해결하는 이론이 되기도 하였다. 그 결과 고려는 개경 · 남경 · 서경 등 삼경을 두어 나라를 균형 있게 발전시킬 수 있었다. 풍수 지리설은 어떻게 활용하느냐에 따라 사람에게 유익하기도 하고 해롭기도 했던 것이다.

반란군들의 이념 《정감록》

《정감록》은 신비하고 황당무계한 예언서이지만, 조선 후기 민중들이 염원했던
이상 세계를 제시한 사상이기도 했다.

들어가기

삼국 시대 이래 우리 민족의 의식을 지배해 온 도참 사상

도참 사상은 무 신앙과 더불어 삼국 시대 이래 우리 민족의 의식을 지배해 온 신앙이다. 이 사상은 유교·불교와 같은 고등 종교는 아니지만, 왕실에서 백성에 이르기까지 널리 신봉되어 온 민속 신앙이다. 특히 왕조가 망할 때나 전쟁 등으로 사회가 불안할 때 유행하였다. 그러나 무 신앙과는 달리 이 사상은 음양 오행설*·풍수 지리설·《주역》* 등에 뿌리를 두고 지식인들 사이에서 만들어졌다.

삼국 시대부터 도참설은 역사 속에 자주 나타났다. 특히 《삼국유사》에는 백제의 멸망과 관련된 도참설이 기록되어 있다.

백제 마지막 왕인 의자왕 때 나라가 망할 여러 가지 징조가 보였다고 하는데, 오회사에 커다란 붉은 말이 나타나 밤낮으로 여섯 번이나 절 안을 돌아다녔다는 것이다. 또 태자궁의 암탉이 참새와 교접했으며, 서울의 우물이 핏빛으로 변하였다. 그 뿐만 아니라 서해안에 작은 고기떼가 죽어 있었으며, 부여강이 핏빛으로 변했다고 한다. 백제의 멸망을

*음양 오행설 : 중국의 전국 시대에 각기 형성된 음양설과 오행설이 하나로 합해진 이론.

*주역 : 유교 경전인 육경의 하나.

정도전에 의해 지금의 경복궁 터에 조선의 새 왕궁 터가 정해졌다(경복궁 경회루).

알려 주는 징조가 이루 셀 수 없이 많았다는 것이다.

고려 말에는 개성 땅의 기운이 쇠하였고 남경(한양)은 장차 이씨가 도읍할 땅이라는 도참설이 널리 퍼져 나갔다. 그리하여 조정에서는 이씨의 왕기를 누르기 위해 남경에 이씨를 상징하는 오얏나무를 심어 놓고, 나무가 무성할 때마다 이씨로 하여금 베도록 했다. 또한 왕이 일 년에 한 번 반드시 남경 땅을 밟았으며, 지금의 경복궁 터에 임금의 옷을 묻어 이씨의 왕기를 누르고자 하였다. 이러한 이야기들은 이성계가 고려를 멸망시키고 조선을 세운 것을 합리화하기 위해 더욱 널리 알려지게 되었다.

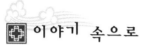

이야기 속으로

개성은 신하가 임금을 망하게 하는 터

도참 사상은 조선 초기에도 크게 유행하였다. 특히 조선 왕조를 건국하고 서울로 도읍을 옮기는 문제와 관련하여 도참설이 풍미*하였다. 태조 이성계는 왕이 되면서 '개성은 신하가 임금을 폐하는 망국의 터'라는 참설에 사로잡혀 천도 계획을 세웠다.

처음에 도읍 후보지로 거론된 곳은 계룡산이 아닌 한양이었다. 태조는 1392년 8월 13일 한양으로 도읍을 옮기라는 명령을 내렸다. 그 이틀 뒤에는 한양에 사람을 보내 궁궐을 수리토록 하였다.

그러던 중 권중화로부터 계룡산 지도를 받아 보고 무학 대사와 닷새 동안 계룡산 신도안에 머물면서 산세와 지형을 꼼꼼하게 살펴보았다. 그는 신도안이 대단히 마음에 들었다. 이 곳은 풍수 지리상으로 좋은 곳이고, 《정감록》에 8백 년 도읍지로 기록되어 있기 때문이다. 이성계는 실제로 계룡산

*풍미 : 어떤 사조나 사회적 현상 등이 사회를 휩쓸거나 밀어닥쳐 그 영향 아래 있게 함.

신도안에 새로운 도읍지를 짓기 위해 1년 가까이 공사를 했다. 하지만 계룡산은 너무 남쪽에 치우쳐 있고 풍수 지리상으로도 좋지 않은 곳이라는 하륜의 말을 듣고, 공사를 중지시켰다.

이성계는 무학 대사에게 다른 곳을 알아보라고 했다. 무학 대사는 새 도읍지를 찾아 한양으로 내려왔다.

어느 날, 무학 대사가 왕십리 근처에서 땅을 살피고 있을 때였다. 한 노인이 소를 몰고 가면서 이렇게 말하는 것이었다.

태조 이성계가 개성을 대신할 도읍지로 점찍어 두었던 계룡산. 하지만 새 도읍지는 한양으로 정해졌다.

"미련한 무학아, 어찌하여 바른 곳을 두고 굽은 곳을 가느냐?"

이상하게 여긴 무학 대사가 노인에게 말뜻을 묻자 노인이 대답하였다.

"지금 있는 곳에서 10리를 더 가거라."

무학 대사는 노인의 말대로 10리를 더 갔다. 그랬더니 놀랍게도 그 곳에 명당 자리가 있었다. 바로 한양이었다. 한양으로 온 무학 대사는 어느 높은 고개에 올라 동네를 굽어보며 궁궐터를 살펴보았다. 그 고개가 바로 지금의 무학재이고, 노인이 10리를 더 가라고 가르쳐 준 곳은 지금의 왕십리라고 한다. 무학 대사에게 명당 자리를 잡아준 노인은 다름 아닌 신라 말 풍수 도참설의 대가였던 도선 국사였다고 한다.

무학 대사는 왕궁 터를 남산 아래로 정하고 북악산을 안산으로 잡았다.

그러자 정도전이 반대하고 나섰다.

"임금은 정남쪽을 바라보아야 하오. 북쪽을 바라보는 곳은 임금이 거처할 땅이 못되오. 그런데다 북악산은 마치 부처의 형상이오. 고려 왕조가 요망한 중 때문에 망했는데, 이제 이 곳에 도읍을 정한다면 요망한 액운*이 궁중에서 떠나지 않을 것이오. 이는 풍수가들이 꺼리는 일이오."

* 액운 : 아주 나쁜
운을 당할 운수.

그러자 무학 대사가 말했다.

"공께서 손수 도읍을 정하시오."

이리하여 정도전이 경복궁 터를 정하니, 무학 대사가 말하였다.

"좋은 곳이긴 하나 이 곳에 도읍하면 이백 년 안에 궁성이 모두 불에 탈 것이며 성안의 백성들이 가난할 텐데 어쩌시겠습니까?"

"궁성이 불타는 것은 한 때의 재앙이니 걱정하지 않아도 됩니다. 그리고 동쪽과 서쪽의 산들이 모두 명당이니, 이 곳에 백성들이 묘를 쓰면 모두 잘 살 수 있을 것이오."

무학 대사는 말문이 막혔다. 이리하여 정도전의 주장대로 지금의 경복궁 터에 도읍을 정하였다고 한다.

🏵 좀더 알아보기

백성을 유혹하는 도참서를 불태워라

도참서들은 조선 왕조의 기틀이 잡힌 태종 때까지도 민간에 범람*하여 사람들을 현혹*시켰다. 이에 태종은 서운관*에 명하여 백성들을 현혹하는 도참서들을 모두 불태워 버리도록 하였다. 그리고 관련 서적들을 몰래 간직하고 있는 자는

* 범람 : 마구 쏟아져 나와 나도는 것.

* 현혹 : 어떤 사물에 정신을 빼앗겨 해야 할 바를 잊어버리는 것.

* 서운관 : 천문 등의 일을 맡아보던 관청.

엄하게 벌했다. 이렇게 하여 도참 사상은 일단 잠잠해졌다.

하지만 임진왜란과 병자호란이 일어나 사회가 극도로 혼란해지자 도참 사상은 다시 유행하기 시작했다. 가장 널리 알려진 도참서가 바로 《정감록》이다. 이 책은 지금까지 발견된 종류만도 10여 종이나 되며, 이 책들에 수록되어 있는 비결도 100여 종에 이르고 있다.

《정감록》은 누가 지었는지, 어떤 것이 원본인지 잘 알려져 있지 않다. 왕조와 현실을 부정하는 내용의 책이라서 국가로부터 금지된 채 민간에서만 은밀히 전해져 왔기 때문이다. 그 결과 시대가 지나면서 잘못 옮겨지거나 내용이 뒤바뀌어 원저자나 원본을 찾을 수 없게 되었다.

계룡산은 정씨 왕조가 800년 도읍할 땅

《정감록》에는 정감과 이심, 이연 세 사람이 조선 왕조의 멸망과 정씨 왕조의 흥기를 예언하는 내용이 들어 있다.

《정감록》에 의하면 정감은 이심, 이연과 함께 조선 팔도를 구경하기 위해 유람을 떠났다. 여기저기 둘러보던 세 사람은 금강산 비비대에 이르러 나라의 운세를 논하게 되었다 한다.

정감은 앞으로의 운세에 대하여 이렇게 말하였다.

《정감록》에서 조씨가 1,000년 동안 도읍할 땅이라고 지목한 가야산.

"평양은 이미 1,000년 운수가 지났고, 그 운이 송악(개성)
으로 옮겨가 500년 도읍할 땅이 되었습니다. 하지만 요망
한 중과 궁녀들이 기승을 부려 땅 기운이 쇠약해졌으니
하늘의 운수는 다시 한양으로 옮기겠구려."

그러자 이심이 말을 이어받았다.

"금강산으로 옮겨진 산맥의 운수가 태백산·소백산에서
뭉쳐져 계룡산으로 들어갔습니다. 그러니 계룡산은 정씨
가 800년 동안 도읍할 땅입니다. 원맥은 가야산으로 들어
갔으니 가야산은 조씨가 1,000년 동안 도읍할 땅이지요.

그리고 전주는 범씨가 600년 동안 도읍할 땅입니다."

이렇게 《정감록》에는 미래에 한양에 도읍한 이씨 왕조 몇 백년, 계룡산의 정씨 왕조 몇 백년, 가야산의 조씨 왕조 몇 백년 등으로 왕조가 바뀐다고 기록되어 있다고 한다. 그리고 이씨 왕조가 멸망할 시기에는 엄청난 재난이 일어난다고 예언하고 있다. 즉, 전쟁이 일어나 나라가 혼란스러워지며 흉년과 전염병으로 백성들은 도탄에 빠진다는 것이다.

이 때 사람들이 몸을 피할 곳이 열 군데 있는데 이 곳을 십승지라고 부른다. 십승지는 자급 자족이 가능한 곳으로, 외부의 침입으로부터 보호받을 수 있는 천연의 요새라고 한다. 또한 차별이 없는 평등한 사회로서 부자들은 들어올 수 없는 곳이기도 하다.

십승지설에는 임진왜란과 병자호란의 쓰라린 비극에서 생겨난 민중의 현실 도피 의식이 깔려 있으며, 동시에 민중이 염원하는 이상 세계가 반영되어 있다.

십승지설은 꽤 오랫동안 믿어져 많은 사람이 이 곳을 찾아왔다고 한다. 대표적인 곳이 지리산 청학동이다.

한편 《정감록》에는 정씨 성을 가진 진인*이 섬에서 군사를 거느리고 나와 이씨 왕조를 멸망시키고 계룡산에 새로운 왕조를 세울 것이라고 예언하고 있다.

* 진인 : 도교에서 말하는 참된 의의를 깨달은 사람.

정감록을 추종하여 난을 일으킨 홍경래

《정감록》과 관련하여 처음에는 전란을 피하는 소극적이고 은둔적인 사상이 유행하였다. 하지만 시대가 내려올수록 이씨 왕조를 무너뜨리려는 혁명적인 색채가 짙어졌다. 조선 후기에 일어난 각종 역모[*] 사건이나 반란을 뒷받침하는 사상이 된 것이다.

1811~1812년에 일어난 홍경래 난은 정감록 사상을 추종하는 집단이 일으킨 대표적인 반란이다. 홍경래는 난을 일으키기에 앞서 봉기의 정당함을 주장하는 글을 발표하였다. 이 글을 보면 《정감록》이 홍경래가 난을 일으킨 이념적 배경이었음을 알 수 있다.

현재 나이 어린 임금이 위에 있어서 간신배가 날뛰니…… 하늘이 재앙을 내려 흉년이 계속되고 굶주린 노인과 어린애가 길에 넘친다. 그러나 다행히 성인(정제민 또는 정시수)이 일월봉 아래 홍의도에서 탄생하였다. 성인께서는 나면서부터 신령하였고, 커서는 10만 군사로 조선을 무너뜨릴 뜻을 가졌다.

먼저 병사를 일으켜 백성들을 구하도록 하였으니…… 그대들은 절대로 동요하지 말고 성문을 활짝 열어 우리 군대를 맞으라.

* 역모 : 나라를 무너뜨리려는 행위를 꾀하는 것.

성인을 정제민, 또는 정시수라 한 것은 정감록 사상에 따른 것이다.

임진왜란과 병자호란을 겪은 백성들에게는 전쟁과 굶주림, 질병이 없는 새로운 세상을 열망하는 분위기가 고조되고 있었다. 이런 분위기 속에서 정감록 사상도 널리 퍼져 나갔다. 그러자 홍경래를 비롯한 사람들은 이런 사회적 분위기를 타고 정감록 사상을 이용하여 반란을 일으켰던 것이다.

홍경래는 김사용·우군칙·이희저·김창시 등으로 지도부를 만들었다. 그리고 가산군 다복동을 근거지로 삼아 군사를 훈련시키며 반란을 준비하였다. 처음 동원된 병사들은 주로 광산 노동자로 위장하여 모집한 사람들이었다. 이들은 대부분 지도부가 주는 돈 몇 냥에 이끌려 온 집단이었기 때문에 용병이라고 볼 수 있다.

지도부는 이들을 두 부대로 나누어 평안도 여러 지역을 공략했다. 봉기군은 향임층의 호응으로 별다른 저항없이 청천강 이북 지역을 장악하였다. 하지만 농민들의 지지를 받지 못하였기 때문에, 관군이 반격해 오자 점차 수세에 몰리게 되었다.

이 반란을 주도한 홍경래·우군칙·김사용 등은 모두 풍수로 생계를 유지하는 빈곤한 지식인들이었다. 주도적인 역할을 한 인물들도 좌수·별감 등 향임층 및 하급 장교들과 향리 집단이었다. 권력에서 소외된 이들은 정감록 사상을 이용하여 한번에 중앙 권력을 얻으려고 난을 일으켰던 것이다.

그러나 정감록 사상은 당시 농민들에게 큰 영향을 미치지는 못했다. 결국 농민들의 지지를 얻지 못한 반란은 실패하고 말았다.

직업적 봉기꾼 이필제와 《정감록》

《정감록》이 백성들을 구원해 줄 사상으로 이용된 또 하나의 예가 이필제의 난이다.

철종 10년(1859년), 이필제는 양반이면서도 행적이 아름답지 못하다는 이유로 영천으로 유배*되었다.

이듬해 유배지에서 풀려난 이필제는 매부 김병원을 찾아갔다. 김병원은 이필제를 반갑게 맞이했다.

"처남, 그 동안 고생이 많았네. 꼴이 말이 아니구먼."

"괜찮습니다. 큰 뜻을 품고 살기로 한 이상 그깟 유배가 무슨 대수겠습니까?"

"그래도 그렇지. 유배지에서 별 탈은 없었고?"

"한 가지 신기한 일을 겪기는 했습니다."

*유배 : 죄인을 귀양 보내는 것.

"신기한 일이라니?"

이필제는 잠시 사방을 둘러본 후 목소리를 낮추어 자신이 겪은 일을 이야기했다.

"제가 영천에 있을 적에 어떤 아낙으로부터 글을 하나 받았습니다."

"허허허, 사랑 고백이라도 받았는가?"

"그런 게 아닙니다. 그 아낙이 말하기를, 자기는 허야옹이라는 사람의 부인인데, 제가 도착하기 수년 전에 남편이 죽으면서 글을 하나 남겼다고 합니다."

"그래서?"

김병원은 부쩍 호기심이 일어났다.

"남편이 이르기를 이필제란 사람이 오면 반드시 이 글을 전해 주라고 했답니다."

"그래? 허야옹이란 사람이 자네가 귀양살이하러 올 것을 미리 알고 있었단 말이지? 허허, 숨은 기인이로다. 대체 그 글의 내용이 무엇이던가?"

이필제는 그 내용을 또박또박 일러 주었다.

"이 곳 영천 땅에 이필제란 이가 당도할 것이다. 이름 중 필(弼)자는 가운데 일백 백자를 빼면 궁궁(弓弓)이니 곧 그가 이재궁궁의 주인공이니라. 또한 이필제는 을유(乙酉)년에 태어나, 궁궁을을(弓弓乙乙)의 을을에 해당하니 어찌 주목하지 않으랴."

이필제의 이야기를 듣던 김병원은 저도 모르게 입이 벌어지고 말았다.

"그럼 처남 자네가 바로 궁궁을을의 주인공이란 말인가!"

"그렇소. 지금 백성은 도탄에 빠져 곳곳에서 통곡 소리가 끊이지 않소이다. 이제 하늘이 큰 사명을 준 이상 그 뜻을 받들어 백성들을 구하고자 하오."

어느 새 이필제의 두 눈에서는 불길이 활활 타오르고 있었다.

 의미 찾기

민중들이 염원했던 이상 세계를 제시한 《정감록》

이필제는 자신의 이름과 태어난 해를 정감록의 궁궁을을과 연결시켜 난세*를 해결할 주인공이라 선전하며 사람들을 모았다. 이필제는 각지의 민중 반란 세력과 연결하여 난을 일으켰다. 1869년에는 진천에서, 1870년에는 진주에서, 1871년 3월에는 영해에서 난을 일으켰으나 모두 초기에 진압되고 말았다.

정감록 사상이 농민을 구원하는 사상이 된 것은 동학의

*난세 : 어지러운 세상.

창시자 최제우에 의해서였다. 최제우는 동학을 창도하면서 정감록 사상을 받아들였다. 조선 후기 민중의 변혁 에너지를 끌어 모았던 정감록 사상은 동학에 와서 한 차원 높게 구성된 것이다. 그리고 동학 이후 발생한 모든 종교 운동이 정감록과 깊은 관련을 맺을 정도로 정감록은 구한말 이래 민중의 의식을 지배하게 되었다.

《정감록》은 신비하고, 황당무계한 예언서이지만, 조선 후기 민중들이 염원했던 이상 세계를 제시한 사상이기도 하였다.

새 세 상 을 꿈 꾸 던 동 학

동학은 서학인 천주교에 맞서서 우리 민족을 구제하려는 뜻에서 창시된 민족 종교이다.
인간은 누구나 평등하며, 근본적으로 귀천이 있을 수 없다고 선언하면서
대중 속에 파고든 동학의 혁명적인 사상은 1894년 동학 농민 전쟁으로 이어졌다.

인내천 사상을 바탕으로 한 민족 종교

동학은 서학인 천주교에 맞서서 우리 민족을 구제하려는 뜻에서 창시된 민족 종교이다. 풍수 사상과 유교·불교·도교의 교리를 토대로 만들어졌으며, 중심 사상은 '인내천'이다. '인내천'은 '사람이 곧 한울님이며 만물이 모두 한울님'이라고 보는 사상이다. 그러므로 동학에서는 인간은 누구나 평등하며, 근본적으로 귀천이 있을 수 없다고 선언한다.

동학은 퇴폐한 양반 사회의 질서를 부정하였다. 양반과 상놈이라는 신분 질서뿐만 아니라 적자와 서자의 차별조차도 비판하였다. 동학은 이런 혁명적인 사상을 가지고 있었기 때문에 질병과 사회 불안이 심했던 경상도·충청도·전라도 지방으로 급속히 전파될 수 있었다.

포교를 시작한 지 3, 4년 만에 교세가 빠르게 확산되자 조정에서는 민심을 현혹시키는 사교*라며 탄압하기 시작하였다. 마침내 1863년에는 교조 최제우가 체포되어 이듬해 대구에서 사형되기에 이르렀다.

최제우를 비롯한 많은 교인들이 순교한 후에도 탄압이 계속되자, 교인들은 지하로 숨어 들어가 신앙 생활을 계속하

* 사교 : 부정하고 요사한 종교.

였다. 최제우의 뒤를 이은 2세 교조 최시형은 태백산과 소백산 지역에서 은밀히 교세를 강화하였다. 동학은 접주 제도를 바꾸어 '포'라는 조직을 만들고 대중 속에 파고들었다. 결국 이러한 대중적인 기반은 1894년(고종 31년) 동학 농민 전쟁으로 결집되었다.

🏥 이야기 속으로

동학 창시자 최제우와 미륵 세상

동학의 창시자 최제우는 1824년 경주의 몰락한 양반 가문에서 태어났다. 어릴 때부터 총명하였으나, 몰락한 집안의 서자로서 장래가 밝지 못했다. 그는 관리들의 부패와 민중들의 고통을 보면서 세상을 걱정하였고, 서양 오랑캐들이 천주교와 이양선[*]을 앞세워 해안에 자주 나타나자 근심의 나날을 보냈다.

그는 세상을 구제하고자 유교와 불교, 천주교 서적 등을 공부하였다. 그러나 어느 것 한 가지도 마음에 흡족하지 않아 결국 구도[*]의 길을 떠나게 되었다. 그리하여 마침내 1860년 비로소 상제(한울님)의 계시를 받았다고 한다.

1860년 음력 4월 5일, 경주 구미산 용담정에 집을 짓고

* 이양선 : 조선 후기 우리 나라 연안에 나타난 서양의 배를 이르는 말.

* 구도 : 올바른 길(정당한 도리)을 구함.

성스러운 마음으로 기도를 드리던 최제선(최제우의 원래 이름)에게 은근한 목소리가 들렸다.

"제선아!"

"누구십니까?"

"나는 상제니라."

"상제님이시라고요? 어찌하여 미천한 소인에게 나타나셨습니까?"

"내 오랜 세월 지내오면서 세상을 걱정하였노라. 그러나 세상은 여전히 도탄에 빠져 있으니 참으로 보람이 없구나. 그래서 너를 통해 나의 법을 전하고자 한다."

"그러면 서교인 천주교로써 사람들을 가르치라는 말씀입니까?"

"그렇지 않다. 나는 신령한 부적을 가지고 있다."

"신령한 부적이요?"

"그렇다. 너에게 신령한 부적과 주문을 줄 터이니 이것으로 질병으로 고통받는 사람들을 구하도록 해라. 그리고 이 주문을 가르쳐서 나를 위하게 하라. 그러면 너도 장생하여 천하에 덕을 펼칠 것이니라."

"감사하옵니다. 상제님의 뜻에 어긋남이 없도록 하겠습니다."

최제선이 상제에게서 받은 부적을 먹어 보니 몸이 가벼워지고 병이 나았다. 최제선은 비로소 상제의 계시를 받은 것임을 확실히 깨달았다.

그로부터 1년 후 구미산 용담정에서 한 사나이가 내려왔다. 그는 자신의 도를 '동학'이라 이름하고 여러 사람들에게 알리기 시작했다. 그는 이름도 최제선에서 최제우로 바꾸었다. '어리석은 사람을 구제한다'는 뜻으로 이름을 고친 것이다.

검단 선사가 선운사를 지은 까닭

최제우가 만든 동학이 제시하는 세상은 도솔천, 즉 미륵이 다스리는 이상 사회였다. 이 이상 사회는 미륵이 내려와 실현할 세상으로서, 농민들이 원하던 세상이었다. 억압 받고 고통 받던 동학 교도들은 질병과 전쟁과 굶주림과 관리들의 횡포가 없는 편안하고 이상적인 미륵 세계를 갈망하였던 것이다.

이러한 열망이 자연스럽게 미륵불의 배꼽에서 비결을 꺼내면 새 세상이 열린다는 전설을 믿게 한 것이다.

동학 교도들이 비결을 꺼냈다는 미륵불은 전라북도 고창군 아산면 삼인리에 있는 선운사 중턱 도솔암으로 오르는 길 옆 절벽 바위에 조각되어 있다.

선운사와 미륵불은 모두 백제 위덕왕의 명령으로 검단 선사가 만든 것으로 알려져 왔다.

검단 선사는 백제 위덕왕 24년(577년), 절을 지으라는 명령을 받고 소금 장수 행세를 하며 이곳 저곳을 돌아다녔다.

그러던 어느 날, 도솔산 기슭에 있는 한 마을에 머무르게 되었다. 어느 곳이건 넓은 들판이 펼쳐져 있고, 붉은 황토가

전북 고창에 있는 선운사는 백제 위덕왕의 명령에 따라 검단 선사가 지은 것으로 알려져 있다.

햇볕에 반짝거리는 아주 평화로운 마을이었다. 마을 앞에는 기름진 평야와 황금 어장이 펼쳐져 있어 농사짓기와 염전을 일구기에 좋은 땅이었다. 따뜻한 햇볕과 먹을 것이 풍요로운 한낮의 들녘은 몹시도 평화로워 보였다.

검단 선사는 조용히 생각했다.

'이 곳에 절을 세워야겠구나.'

그런데 한 가지 이상한 일이 있었다. 지나가는 마을 사람들의 얼굴에 수심이 가득 차 있는 것이다.

'아니, 이렇게 살기 좋은 마을에서 사람들이 왜 그리 고생에 찌든 얼굴을 하고 있을까?'

말 못 할 사정이 있는 것 같아 지나가는 사람을 붙잡고 물어 보았다.

"저, 이 마을에 무슨 일이 있나요?"

이 말을 들은 마을 사람은 누가 보기라도 할까 봐 어쩔 줄 몰라 했다.

"걱정하지 말고 이야기해 보세요."

검단 선사가 이렇게 말하자 마을 사람은 조심스럽게 말하는 것이었다.

"저 도솔산 뒤편에 도둑 떼 소굴이 있어요. 놈들이 어찌나 포악한지 농사지은 곡식이며 잡은 고기들을 모조리 거두어 가서 배불리 먹지 못한 게 벌써 여러 해나 되었답니다."

마을 사람은 금방이라도 도둑이 나타날까 두려워하며 조심스럽게 말하였다. 그제서야 까닭을 알게 된 검단 선사는 마을 사람에게 말했다.

"걱정하지 마세요. 앞으로 이 마을에는 좋은 일만 생길 것입니다."

그러고는 자신은 검단 선사이며 왕의 명령으로 이 곳에 절을 세울 것이라고 귀띔해 주었다.

검단 선사는 낮에 절터로 잡아 놓았던 도솔산으로 올라갔다. 아까는 주변의 아름다운 경치를 즐기느라 미처 몰랐지만, 유심히 살펴보니 산에는 산적들의 소굴이 있었다.

검단 선사는 도둑들을 혼내 주기로 마음먹었다. 우선 도둑들의 소굴이 있는 장소와 두목의 얼굴을 익혀 두었다.

검단 선사는 밤 사이에 깊은 산 속에 들어가서 호랑이 한 마리를 잡아다가 도둑 떼의 소굴 앞에 가져다 놓았다.

다음 날 잠에서 깨어난 도둑들은 깜짝 놀랐다. 밤 사이 호랑이 한 마리가 마당 한가운데에 죽어 있었던 것이다. 도둑들은 호랑이를 치우려 했지만 아무리 해도 움직여지지 않았다. 수십 명의 도둑들이 함께 들어 보았지만 호랑이는 꿈쩍도 하지 않는 것이었다.

도둑 두목도 나와서 들어 보았지만 검단 선사가 신통력을 부려 놓은 호랑이는 꿈쩍도 하지 않았다.

몹시 화가 난 두목은 부하들을 데리고 마을로 내려가 행패를 부렸다.

"호랑이를 치우는 자에게 후한 상금을 내리겠다."

그러나 마을 사람들은 예전과는 달리 도둑 떼의 말을 듣는 둥 마는 둥 했다. 검단 선사가 있으니 마음이 든든했던 것이었다.

사람들은 호랑이를 치울 수 있는 사람은 검단 선사뿐이라고 입을 모아 말했다.

"그럼 그 검단인지 흰단인지를 데려와 봐. 거짓말이면 혼날 줄 알아."

바로 그 때였다. 사람들 앞에 검단 선사가 나타났다. 마을 사람들은 기뻐하며 말했다.

"선사님, 이 놈들이 바로 우리를 괴롭히던 도둑들입니다. 오늘 아침 도둑 떼의 굴 앞에 호랑이 한 마리가 버려져 있었는데, 그걸 치우지 못해서 이렇게 행패를 부리고 있답니다. 그래서 선사님을 모시러 가려던 참입니다."

검단 선사는 인자하게 웃으며 말했다.

"힘이 세다는 도둑들이 어떻게 호랑이 하나를 못 치운단 말입니까?"

이 말을 들은 두목은 은근히 부아가 치밀었다.

"그렇게 쉬우면 네가 한번 해 봐."

검단 선사가 도솔산 도둑들에게 소금 만드는 방법을 가르쳐 주었던 질마재 바닷가(전북 고창).

그러자 검단 선사가 말했다.

"무슨 어려운 일이라고……. 자, 갑시다."

사람들은 모두 우르르 도솔산으로 몰려갔다. 검단 선사는 사람들이 보는 앞에서 호랑이를 한 손으로 가볍게 들어 던져 버렸다. 마을 사람들은 환호성을 질렀고, 도둑들은 깜짝 놀라 모두들 무릎을 꿇고 용서를 빌었다. 그런 도둑들에게 검단 선사는 조용히 타일렀다.

"너희들은 몸이 건강한데도 일하지 않고 남의 재물을 약탈했으니 많은 죄를 저질렀구나. 이제부터 속죄하는 마음으로 봉사하면서 살아라."

검단 선사는 도둑들을 선운사에서 조금 떨어진 질마재 바닷가에 가서 살도록 하였다. 그리고 소금 만드는 방법을 가르쳐 주었다.

우선 바닷가에 진흙으로 샘 같은 웅덩이를 만들었다. 그리고 바닷물이 들어왔을 때, 그 웅덩이에 바닷물을 가득 채웠다가 햇볕에 수분을 증발시켰다. 이런 일을 되풀이하면서 며칠이 지나자 웅덩이에 있던 바닷물은 다 증발하고 하얀 결정체만 남았다. 이 결정체가 바로 소금이다.

"자, 이제 알았느냐? 이것이 소금이다. 어떻게 만드는지는 지켜 보았으니 잘 알겠지?"

도둑들은 모두 머리를 조아리며 선사의 은혜를 고마워했다.

검단 선사는 도솔산으로 올라가 절을 지었다. 그 절이 바로 선운사이다.

✚ 좀더 알아보기

비결을 꺼내면 새로운 세상이 열린다

검단 선사는 절을 지은 후 선운사로 오르는 길 옆 절벽에 있는 바위에 부처님을 새기고 그 꼭대기에 공중 누각을 지었다. 이 미륵불이 바로 '동불암 마애불'이다. 높이가 13m, 너비가 3m에 달하는 커다란 마애불은 무뚝뚝하면서도 씩씩한 모습이어서 보물 1200호로 지정되어 있다.

이 마애불은 배꼽 바위라는 별명처럼 아주 특별한 전설을 간직하고 있다. 미륵 부처님의 배꼽에 신비스러운 비결[*]이 숨겨져 있어, 그 비결을 꺼내면 좋은 세상이 온다는 것이다. 하지만 이 배꼽에는 벼락살이 들어 있어 누군가 손을 대면 벼락을 맞아 죽는다는 이야기도 함께 전해지고 있었다. 벼락살을 물리칠 만한 위대한 영웅이 나타나면, 그 비결을 꺼낼 수 있다는 것이었다.

이런 전설을 가지고 있는 마애불은 동학과 깊은 인연이 있다. 동학 농민 봉기가 급속히 확산되는 데 결정적 역할을 한 것이다.

고부 민란이 일어난 후 녹두장군 전봉준은 손화중과 합의하여 1894년 3월 20일경에 첫번째로 봉기를 하였다. 이 때 가장 핵심적인 부대가 손화중 포였는데, 이 부대가 바로 동불암 마애불과 깊은 인연이 있다고 한다.

당시 전국 각지에는 조선 왕조가 곧 멸망할 것이라는 예언이 널리 퍼져 있었다. 파리에서 온 천주교 신부 뮈텔은 1894년 파리 외방전교회에 보낸 보고서에서 당시 조선의 모습을 이렇게 전하고 있다.

* 비결 : 예언서.

조선 왕조가 500년을 넘기지 못할 것이라는 예언이 오래 전부터 전국에 나돌고 있습니다.

이 보고서로 보아 1392년에 건국된 조선 왕조는 늦어도 1892년에는 멸망할 것이라는 예언이 이전부터 널리 퍼져 있었음을 알 수 있다.

이 사실은 전봉준이 잡힌 후 그가 법정에서 진술한 내용에서도 확인된다.

재판관이 전봉준에게 물었다.

"이씨 왕조(조선)가 500년으로 망한다는 예언은 무엇을 뜻하는가?"

그러자 전봉준은 이렇게 대답했다.

"모두가 이 예언을 알고 있습니다."

이처럼 당시 조선 사회에는 조선 왕조가 곧 멸망할 것이라는 예언이 널리 퍼져 있었다.

동학이 마침내 미륵불의 배꼽을 열다

이런 와중에 1892년 8월경 손화중 포가 선운사 미륵불의 배꼽에 들어 있다는 비결을 꺼내는 일이 일어났다. 이 비결을 꺼내는 데 참여했던 동학교단 간부 오지영은 자신의 회고록 《동학사》에서 이 때의 사정을 이렇게 말하고 있다.

임진년(1892년) 8월의 일이다. 석불의 배꼽 속에는 신기한 비결이 들어 있는데, 항간에는 그 비결이 나오는 날, 바로 새 왕조가 건설된다는 소문이 자자하였다.

지금으로부터 103년 전 전라감사 이서구가 부임한 지 며칠 만에 선운사 도솔암에 있는 부처님의 배꼽을 열고자 하였다. 그가 배꼽을 떼고 비결을 꺼내던 중, 때마침 뇌성벽력*이 일어나 비결을 다 보지 못하고 도로 봉해 두었다고 한다. 그 비결의 첫머리에는 '전라감사 이서구가 열어 봄'이라고 쓰여 있었는데, 이서구는 그 글자만 보고 말았다 한다. 그 뒤에도 누군가 보고자 하였으나 벼락이 무서워서 열어보지 못했다는 것이다.

그러던 어느 날, 손화중 포에서 비결 이

배꼽 속에 신기한 비결이 들어 있어, 그 비결이 나오는 날 새 왕조가 건설된다는 소문이 돌았던 선운사 동불암 마애불.

야기가 나왔다. 비결을 꺼내 보면 좋겠는데 벼락이 칠까 봐 걱정이라는 것이었다. 그러자 오하영이 나서서 벼락은 걱정하지 않아도 된다고 말하였다. 이서구가 꺼낼 때 이미 벼락이 쳤기 때문에 벼락은 더 이상 효력이 없다는 것이다. 그럴 듯하다고 여긴 손화중 포는 비결을 꺼내 보기로 결정했다. 이윽고 그들은 푸른 대나무 수백 개와 새끼 수십 줄로 부계를 만들어 석불의 앞쪽을 가렸다. 그러고는 석불의 배꼽을 도끼로 부수고 그 속에 들어 있는 비결을 꺼냈다.

손화중 포에서 이 비결을 손에 넣었다는 소문이 삽시간에 퍼져 나갔다. 그러자 무장·고창·영광·장성·흥덕·고부·부안·정읍 등에 살던 수만 농민들이 손화중 포에 쏟아져 들어왔다.

비결 사건에 대한 이야기는 어디까지가 진실인지 알 수는 없다. 그러나 이 소문은 삽시간에 전라도 일대에 퍼져 나갔고, 이로 인해 손화중 포에 사람들이 몰려들었던 것만은 사실이다.

구례 유생 황현도 이 사건에 대해 《오하기문》에 다음과 같이 기록하고 있다.

전라 우도부터 좌도의 산골짜기까지 동학 교도가 없는 고을이 없었다. 그 숫자가 수십만이나 되었다.

이들은 '무장의 산골 절벽 속에서 용당(검단) 선사의 참결을 얻어 난을 일으킬 수 있게 되었으니 때를 놓쳐서는 안 된다.' 는 유언비어를 퍼뜨렸다.

이런 기록으로 보아 당시 양반들조차도 만약 조선이 망한다면 동학 농민들이 새 세상을 열 것이라고 믿었음을 알 수 있다. 뿐만 아니라 외국 선교사들도 동학 농민들이 새로운 세상을 건설할 사람들이라고 생각하고 있었던 것이다.

이런 때에 실제로 손화중 포가 중심이 되어 동학 농민군이 봉기하였으며, 이에 예언을 신봉했던 농민들은 억압과 굴욕이 없는 세상에 대한 기대감으로 동학에 참여했던 것이다.

동학 농민군이 꿈꾸는 미륵 세상

미륵 세상을 꿈꾸는 동학 농민들은 현실 속에서 새로운 세상을 만들고자 노력하였다. 그들은 부패한 지배층의 횡포와 수탈이 사라진 개혁된 세상을 만들고 싶어했다. 그들의 노력은 조선 왕조를 개혁하려는 움직임과 새로운 왕조를 건설하려는 움직임으로 나타났다.

동학 농민들이 꿈꾸었던 새 왕조는 '정씨 왕조' 와 '남조선' 이었다.

백범 김구는 《백범일지》에서 참 임금을 모시고 계룡산에서 새로운 나라(정씨 왕조)를 세울 수 있다는 믿음으로 동학에 참여했다고 증언하고 있다. 김구 선생님의 말처럼 혁명파들은 동학이 '정씨 왕조'를 세워 현실의 고통에서 벗어나게 해 줄 것이라고 믿고 있었다.

'남조선'에 대해서는 동학 지도자 김개남을 통해 확인할 수 있다. 김개남의 본래 이름은 기범이었다. 그는 자신이 '남조선'을 개국할 왕이라고 생각하여 이름을 '개남'으로 고쳤다고 한다. 남조선을 개창할 개남국 왕이라는 뜻이다.

최남선의 《고사통》에 따르면 '남조선'은 조선 후기에 일반 백성들에게 널리 퍼져 있던 이상 세계, 즉 조선 왕조를 대체할 새 왕조를

동학 농민군은 부패한 지배층의 횡포와 수탈이 사라진 개혁된 세상을 만들고 싶어했다 (동학 혁명군 위령탑, 충남 공주).

뜻한다고 한다.

　김개남을 추종한 동학 농민들은 직접 새 왕조인 남조선을 세우고자 하였다. 남조선은 고통만 안겨 준 조선 왕조를 멸망시키고 건설할 새로운 왕조였던 것이다.

　이에 비해 동학 농민군 최고 지도자인 전봉준은 개혁파였다. 그가 만들고자 했던 세상은 민비 척족을 비롯한 부패한 지배층을 몰아낸 조선이었다. 그는 고종은 현명한 임금인데, 탐관오리들이 잘못 모셔서 백성들이 고통 받는다고 생각했다. 그러므로 탐관오리를 없애고 뜻있는 신하들이 정치를 개혁하면, 새 세상이 실현될 것이라고 믿었다.

　이렇듯 동학 농민들이 만들고자 했던 새 세상, 정씨 왕조·남조선·개혁된 조선 왕조는 모두 미륵이 다스리는 이상 세계와는 다른 것이었다. 그들은 이상 사회인 미륵 세상을 만들고자 했던 것이 아니라, 현실 세계를 개혁하려 했던 것이다.

 의미 찾기

산산이 부서져 버린 개혁의 꿈

　그러나 동학 농민군들의 꿈은 청나라와 일본 군대가 조선에 진출하면서 산산이 깨지고 말았다.

1894년 고부 군수 조병갑의 횡포를 계기로 봉기한 동학 농민군들은 한때 전주성을 점령하고 관군과 전주 화약을 맺기까지 하였다. 농민군 지도부는 이상 사회를 만들기 위해 행정권을 넘겨받아 전라도 52개 고을에 집강소를 설치하였다.

집강소는 농민군들이 이상 사회를 건설하기 위한 자치기구였다. 농민군은 집강소를 중심으로 지주들의 수탈 방지, 천민의 신분 해방, 토지의 평균 분작 등 획기적인 개혁을 실시하였다. 그러나 조선 정부에서 청나라 군대를 끌어들이고 일본군까지 조선에 들어오면서 이들의 노력은 물거품이 되고 말았다.

동학 농민군은 관군뿐만 아니라 일본군과도 맞서 싸워야 했다. 논산을 거쳐 위로 올라오던 농민군은 우금치 마루에서 운명의 결전을 벌였으나 토벌군에게 밀려 처절하게 죽어 갔다. 이 날의 처절했던 전투를 당시 관군의 토벌 대장은 다음과 같이 회고하고 있다.

몇만 명의 동학 무리들이 40~50리에 뻗쳐 포위해 들어왔다. 길이 있으면 빼앗고 높은 봉우리를 다투어 차지했다. 동쪽에서 소리치면 서쪽에서 달려가고, 왼쪽에서 번쩍하다가 오른쪽에서 튀어나왔다.

깃발을 휘두르고 북을 울리면서 죽음을 무릅쓰고 먼저 올라왔다. 저

네들은 무슨 의리를 지키고자 함인가. 저네들은 어떤 담략을 가졌기에 이토록 대담한가. 그들의 행동을…… 생각하니 간담이 서늘해진다. 만약 병력이 전후 좌우에서 방비를 하지 못하였다면 맹렬히 밀어붙이는 기세에…… 결국 그들을 막아낼 수 없었을지도 모른다.

우금치 전투 후 계속 후퇴하던 동학 농민군은 금구·태인 전투를 마지막으로 흩어지고 말았다. 농민군 대장이었던 손화중과 김개남, 전봉준이 토벌군에게 잡힘으로써 동학 농민군의 투쟁도 끝나고 말았다.

녹두장군 전봉준이 마지막으로 남긴 시 한편은 새로운 세상을 만들고자 했던 동학 농민군의 심정을 잘 보여 주고 있다.

때를 만나서는 천하도 내 뜻과 같더니
운이 다하니 영웅도 스스로 어쩔 수 없는가
백성을 사랑하고 정의를 위한 것이 무슨 허물이리요
나라 향한 일편 단심 그 누가 알리

제3부

무속 신앙 · 산신 신앙 · 풍어제 · 도깨비

백 성 들 에 게 희 망 을 주 는

무 속 신 앙

무속 신앙은 항상 백성들 가까이에서 어려운 현실을 극복할 수 있는 용기와 희망을 주었다.
무속 신앙이 오랫동안 우리 민족에게 전해질 수 있었던 것도 그러한 이유 때문이다.

인간의 소망을 신에게, 신의 뜻을 인간에게

무 신앙은 민간에서 무당을 중심으로 전해지는 종교적 현상이다. 무(巫) 자는 하늘과 땅을 잇는 기둥 양 옆에 두 사람이 춤추는 모습이다. 여기서 기둥이란 바로 신목 또는 우주목이고, 춤추는 이가 바로 무당이다.

무당은 노래와 춤으로 무아의 경지에 들어가 신과 만난다. 무당은 인간의 소망을 신에게 알리고 신의 뜻을 인간에게 알려 준다. 하늘과 인간을 이어 주는 중재자 역할을 한다.

무는 선사 시대부터 현재까지 전해져 내려오는 살아 있는 종교이다. 아직도 우리 주위에는 무당들이 많이 있다. 대나무에 흰 깃발을 걸어 올린 무당 집들을 얼마든지 만날 수 있다. 무당들이 벌이는 굿판도 심심찮게 볼 수 있다.

무는 우리 역사가 시작된 이래 지금까지 민중들과 함께하면서 삶의 고통을 잊게 해 주고 희망을 주는 민속 종교로 자리잡았다.

무당의 조상이 된 바리데기 공주

　무당이 굿을 할 때 읊는 무가 중 유명한 것이 바리데기 무가이다. 바리데기 무가는 부모에게 버림받고도 죽음을 무릅쓰고 부모를 살려 내는 바리데기 공주의 이야기이다.

무 신앙은 우리 역사가 시작된 이래 민중들과 함께 하면서 삶의 고통을 잊게 해 주고 희망을 주는 민속 종교로 자리잡았다.

옛날 어느 나라에 열다섯 살이 된 왕세자가 있었다. 왕은 왕세자를 결혼 시키려고 무당에게 점을 쳤다.

무당은 대길년*에 결혼하면 세 아들을 낳을 수 있지만, 폐길년*에 결혼하면 딸 일곱을 낳는다고 말했다. 하지만 왕은 무당이 무엇을 알겠냐며 대길년을 기다리지 않고 결혼식을 올렸다.

왕세자는 임금이 된 후 계속해서 딸만 낳았다. 무당의 말대로 일곱 딸을 낳았다. 일곱째 딸이 태어나자 왕은 그 아이를 내다 버리라고 명령하였다. 일곱째 딸은 부모로부터 버림받았기에 바리데기 공주라 불렸다. 바리데기 공주는 부처님의 가호로 어느 늙은 부부에 의해 잘 길러졌다.

그러던 어느 날 왕과 왕비가 큰 병이 들었다. 좋다는 약을 모두 먹어 보았으나 소용이 없었다. 왕이 무당에게 점을 쳐 보니 일곱째 딸을 버린 죄로 병이 들었다는 것이었다. 두 사람은 저승에 있는 생명수를 마셔야만 낫는다고 했다.

왕은 여섯 딸들을 모아 놓고 말했다.

"너희들 가운데 누가 생명수를 구해 오겠느냐? 첫째 네가 맏딸이니 다녀오겠느냐?"

"아버님, 점잖은 왕가의 공주가 어찌 그 먼 곳을 다녀올 수 있겠습니까? 저는 못 가겠습니다."

큰딸의 거절에 실망한 왕은 둘째 딸에게도 부탁해 보았

*대길년 : 운세가 좋은 해.

*폐길년 : 운세가 좋지 않은 해.

다. 그러나 둘째 딸도 거절했다. 여섯 공주가 차례대로 거절하자 왕은 길게 한숨을 내쉬었다.

"딸이 여섯이나 되는데 부모의 약을 구해 올 자식이 하나
도 없다니……."

왕은 태어나자마자 버린 막내딸이 생각났다. 신하를 풀어 방방곡곡을 뒤져서 일곱째 딸을 찾았다.

바리데기 공주는 자기를 버린 부모를 위해서 불사약과 생명수를 구하러 저승으로 떠났다. 석가모니가 준 꽃을 들고 지옥문으로 들어가니, 문 앞에 무섭게 생긴 사람이 앉아 있었다. 키는 하늘에 닿을 만큼 컸고, 눈은 등잔 같았으며, 얼굴은 쟁반 같이 큰 거인이었다. 그는 지옥문을 지키는 수문장이었다.

바리데기 공주가 병든 부모님을 위해 약을 구하러 왔다고 말하자, 수문장은 아내가 되어 아들 일곱만 낳아 주면 가져가도록 해 주겠다고 약속했다. 공주는 할 수 없이 수문장과 결혼하여 일곱 해를 살며 일곱 아들을 낳았다.

마침내 공주가 떠나려 하자 수문장이 말했다.

"이젠 당신 없이는 살 수 없을 것 같소. 나도 같이 갑시다."

공주는 수문장과 함께 일곱 아들을 데리고 불사약과 생명수를 가지고 이승으로 돌아왔다.

어느덧 고향에 이르렀을 때였다. 어디선가 상여 소리가

들려오더니, 이내 상여를 메고 가는 사람들이 보였다. 궁에서 나오는 왕과 왕비의 상여였다. 깜짝 놀란 공주는 급히 행렬을 멈추고는 생명수를 왕과 왕비의 입에 몇 방울 떨어뜨렸다. 그러자 왕과 왕비가 죽음에서 깨어나는 것이었다.

왕과 왕비를 구한 공으로 수문장은 마을의 수호신인 장승이 되었고, 일곱 아들은 칠성신이 되었다. 그리고 바리데기 공주는 한국 무당의 조상이 되었다고 한다.

바리데기 무가는 죽은 사람의 넋을 위로하기 위해 올리는 진오기굿에서 읊어진다. 이외에도 굿에서 읊어지는 무가에는 성조 무가와 당금애기 무가가 있다. 성조 무가는 운명을 다스리는 성주신의 내력을 읊은 것이고, 당금애기 무가는 생명을 점지해 주는 삼신의 내력을 읊은 것이다.

좀더 알아보기

고조선을 세운 단군 임금은 무당이었다

우리 나라의 무는 언제부터 시작되었을까? 최초의 건국 신화인 단군 신화에는 무교적인 요소들이 나타나 있다. 이로 보아 무교가 고조선 시기에 이미 우리 문화 속에 자리잡고 있었음을 알 수 있다.

《삼국유사》에 전하는 단군 신화를 보면, 옛날에 천신의 아들 환웅이 항상 천하에 뜻을 두고 인간 세상을 탐내었다고 한다. 아버지가 아들의 뜻을 알고 태백산을 내려다 보니 인간 세계를 이롭게 할 만했다. 이에 천부인 세 개를 주어, 내려가서 세상을 다스리게 하였다. 환웅은 3천 명을 이끌고 태백산 꼭대기 신단수 밑에 내려와 신시를 열었다. 풍백·우사·운사를 거느리고, 곡식·수명·질병·형벌·선악 등 사람의 360여 가지 일을 맡아서 다스렸다. 이후 웅녀와 결혼하여 아들을 낳으니 그가 곧 단군 왕검이다. 단군은 나라를 다스린 지 1,500년 뒤에 아사달에 돌아와 산신이 되었다고 한다.

이 신화에서 환웅이 내려온 신단수는 신목 또는 우주목이다. 하늘과 땅 사이에 전혀 교류가 없을 때 환웅이 처음으로 우주목을 타고 내려 왔으니 환웅은 천신이자 최초의 무당인 것이다.

단군이라는 이름도 무당을 뜻하는데, 이는 고조선의 수장*이 정치적 지도자이자 무당이었음을 의미한다. 즉, 고조선의 수장은 무왕으로서 하늘과 교류하여 나라를 풍요롭게 했던 것이다. 청동기 시대 지배층의 무덤에서 제사 지내는 데 쓰이던 청동 거울이나 방울이 발견되는 것도 모두 당시 지배층이 무당이었음을 말해 준다.

*수장 : 위에 서서 집단이나 단체를 지배·통솔하는 우두머리.

청동기 시대 지배층의 무덤에서 발견되는 청동 의기로 보아 당시 지배층이 무당이었음을
알 수 있다 (국립 중앙 박물관 소장).

삼국 시대의 무당은 왕보다 힘이 약하다

철기 문화가 널리 퍼지면서 생산력이 높아지자 정치 세력
들 사이에 전쟁이 자주 일어났다. 전쟁으로 수장의 정치·군
사적 역할이 커졌으며 종교적 역할은 점점 줄어들었다. 그러
다 마침내 전문적인 사제나 무당이 종교적인 역할을 담당하
게 되었다. 삼한의 국읍*에 주사*가 있는데도, 천신에게 제사

*국읍 : 도읍.

*주사 : 제사를 모시
는 제관.

드리는 천군*이 따로 있는 것만 보아도 이를 잘 알 수 있다.

정치와 종교가 분리되던 처음에는 천군이 다스리는 소도 지역으로 도적이 도망가도 잡아가지 못했다. 이로 보아 종교적 권위가 인정되었음을 알 수 있다.

그러나 삼국 시대 무당들은 왕에게 종속되었으며 국왕이 무당을 마음대로 죽이기도 하였다. 이러한 사실은 종교가 정치에 예속되어가는 과정을 보여 준다. 《삼국사기》에는 무당의 그런 처지가 잘 드러나 있다.

고구려 차대왕 3년(148년) 가을, 왕이 사냥을 나갔다. 흰여우가 울면서 따라오므로 왕이 활을 쏘았으나 맞지 않았다. 무당을 불러 점을 치니, '여우는 요사스러운 동물인데, 특히 흰 놈이 그러합니다. 이것은 왕이 스스로의 행동을 되돌아 보고 덕을 닦으라는 천신의 경고입니다.' 라고 하였다. 왕이 화가 나서 그 자리에서 무당을 죽였다.

이 기록으로 보아 무당은 왕의 점복가이자 자문관 역할을 하였다는 것을 알 수 있다. 그러나 왕이 노하면 그 자리에서 처형될 정도로 힘이 약했음도 알 수 있다.

백제 의자왕 20년(660년), 귀신이 궁중에 들어와 큰 소리로 '백제망, 백제망' 하고 외치며 땅 속으로 들어가 버렸다 한다. 왕이 이상하게 생각하고 땅을 파 보니 거북 한 마리가

*천군 : 소도에서 천신에게 올리는 제사를 주관하는 사람.

나왔는데, 등에 글씨가 씌어 있었다.

왕이 무당에게 글의 뜻을 물어보았다.

"백제는 가득 찬 달이 나날이 일그러지듯이 망할 것이고, 신라는 초승달이 나날이 커지듯이 흥할 징조입니다."

이같은 대답에 화가 난 왕은 무당을 죽이고 말았다. 왕은 다시 다른 무당을 불러서 물어 보았다. 이 무당은 먼저 무당이 처형당한 일을 알고 있었기 때문에 죽지 않으려고 사실대로 말하지 않았다.

'백제는 가득 찬 달같이 위세가 당당하고, 신라는 초승달처럼 작고 미미하다.' 라고 대답하였다. 이에 왕이 기뻐하며 상을 내렸다고 한다.

백제 멸망을 두고 정직하게 사실을 말한 무당이 재난을 당하고 영리한 무당이 목숨을 구한 이야기로 미루어 보면, 백제에서도 무당은 왕 옆에서 이상한 징조들을 해석하여 국가의 미래를 판단하는 일을 했음을 알 수 있다. 그러나 역시 왕에게 예속되어 죽임을 당할 정도로 힘이 약했음을 알 수 있다.

이렇듯 삼국 시대에는 무당이 국왕을 옆에서 종교적으로 보좌했다. 하지만 왕이 무왕*적인 성격을 완전히 벗어난 것은 아니었다. 신라를 예로 들면, 남해왕을 부를 때 쓰는 '차차웅' 이란 말이 무당을 뜻한다고 한다. 그리고 신라의 왕들

*무왕 : 무당의 역할을 겸하는 왕.

은 기후와 농사의 풍흉을 점치고 적병이 침입할 것을 예언하기도 했다. 또한 신라의 왕관은 시베리아 샤먼의 관과 비슷하다.

이러한 사실은 모두 신라의 왕들이 권력의 힘을 여전히 무 신앙에서 찾았음을 보여 주는 좋은 예이다.

무당들이 모여 하늘에 비를 빌다

고려 시대에는 국왕의 무왕적 성격이 쇠퇴하고 무의 정치적 의미도 크게 줄어들었다. 그러나 신앙으로서 무는 여전히 성행하였다. 무당들이 기우제나 별기은제를 지내던 전통도 그대로 유지되었다. 치병*과 악귀를 쫓는 굿에도 무당들이 참여하게 되어 무속의 범위도 넓어졌다.

《고려사》, 《고려도경》, 《동국이상국집》 등에 기록된 고려 시대의 무속을 보면 다음과 같다.

현종 12년(1021년) 5월에 무격을 모아 기우제를 지냈다.

예종 16년(1121년) 5월에 무당들이 모여 기우제를 지냈다.

인종 11년(1133년) 5월에 무녀 3백 명이 모여 기우제를 지냈다.

이 밖에도 기우제를 지낸 기록이 200회나 더 있는데 대부

*치병 : 병을 낫게 함.

분 무당이 참여하였다.

물을 잘 이용하지 못했던 옛날에는 농사의 풍흉을 오직 비에 의존했다. 비가 알맞게 와서 농사를 잘 지으면 풍년이 되었지만 가뭄이 계속되면 흉년이 되었다. 옛날에는 이러한 가뭄을 왕의 덕이 부족하거나 백성들의 원한이 하늘에 이르렀기 때문이라고 생각했다. 그래서 왕들은 선정을 베풀기 위해 노력했으며, 가물 때에는 손수 기우제를 지냈던 것이다.

무당들은 명산 대천*의 사당에서 왕실의 축복을 비는 별기은제도 드렸다. 이들은 노래와 춤으로 제사 지내는 사제로서, 고대의 천군이나 사제직을 계승한 것이다.

고려 시대 무의 모습은 오늘날과 비슷하다. 이규보의 《동국이상국집》에는 이웃의 늙은 무녀가 추방당하는 것을 기뻐하며 지은 시가 있다. 그 가운데 굿하는 광경을 보면, 강신무*가 신이 내려 껑충껑충 뛰면서 춤을 추고 신탁*을 내리고, 신단을 꾸민 신방벽에는 무신도가 가득히 걸려 있는 등 오늘날과 비슷한 모습이다. 이로 보아 오늘날과 같은 무교가 고려 시대에 이미 형성되었음을 알 수 있다.

고려 사회에서 무당은 결코 천한 신분이 아니었다. 상류 계층에서도 무당이 되는 사람이 많았는데, 그런 무당을 선관이라 불렀다. 고려 중엽 의종(1147~1170년) 때 양반 출신으로 신 내린 이를 뽑아 선관으로 삼고 팔관회를 주관케 하

*명산 대천 : 유명한 산과 큰 강.

*강신무 : 신이 내리는 체험을 통해 된 무당.

*신탁 : 신이 사람을 매개자로 하여 그의 뜻을 나타내는 일.

였다. 충숙왕 때 좌정승 강융의 누이도 신이 내려 송악사의
신령을 받들었다고 한다.

왕실과 민중 속에서 이처럼 열렬히 신앙되던 무는 12세기
전반부터 점차 유학자들의 강력한 비판을 받았다. 사람들을
현혹시키는 미신이
며, 국가의 돈을 낭
비하게 만든다는 이
유에서였다.

*무풍 : 무속 신앙이
여러 사람들에게 영
향을 미치는 것.

*유사 : 담당 관리.

《고려사》 인종 9년
8월 조에 보면 일관
이 알리기를, '근래
에 무풍*이 크게 성
행하고 음사가 날로
성합니다. 청컨대 유
사*들로 하여금 무당
의 무리를 멀리 내쫓
도록 하소서.'라고
하였다. 이에 '무당
들이 뇌물을 모아 권
문 세족과 고관들에
게 바쳐 이를 막았

고려 시대의 무당은 상류 계층에서도 많이 나왔는데, 이들은 불교 행사인
팔관회를 주관하기도 하였다.

다.'고 한다.

그러나 유학자들의 비판에도 불구하고 무 신앙은 고려 말까지 계속 성행하였다. 공양왕 때 김자수가 올린 상소문에는 '나라에서 무당을 세우고 별기은제를 행하는 곳이 여럿 있어 무당들이 떼를 지어 국행굿을 하느라고 많은 비용을 쓰니 금하라.'는 구절이 있다.

이는 나라에서 공공연히 무당들을 시켜 명산 대천에서 별기은제를 지내는 풍습이 고려 말까지 성행했음을 알 수 있다.

굿을 정치적 복수에 이용한 장희빈과 명성황후

조선 시대에도 여전히 무 신앙이 성행하였다. 조선은 유교를 국교로 삼았으나, 유교는 일반 백성들의 병들고, 춥고, 배고픈 생활을 해결하기에는 부족했다. 일반 백성들뿐만 아니라 사대부 집안의 부녀자와 왕실에서까지도 답답하고 위급할 때 무당을 불러서 점을 치고 굿을 하였다. 무는 희망을 주고 어려움을 해결해 줄 것이라는 믿음이 사람들의 마음 속 깊숙이 자리잡았던 것이다.

《성종실록》 성종 9년 11월 조에는 다음과 같은 기록이 있다.

요새 사람들은 다투어서 귀신을 믿습니다. 범사의 길흉 화복을 한번은 무당에게 들어 봅니다.

이 기록으로 보아 조선 시대에도 무풍이 성행했음을 알 수 있다.

조선 시대에는 무당이 기우제·산천제 등을 주관하던 전통도 그대로 유지되었다. 《조선왕조실록》에는 120회 이상의 무속에 관한 기록이 있는데, 그 중 기우제 기록이 가장 많다.

나라에서 주관하는 서낭제도 자주 열렸으며, 일반 민중의 부락제로서도 성행하였다. 이규경이 《오주연문장전산고》에서 '성황당은 고대부터 있었던 제천 의식인데, 산신제의 유속인 서낭당을 중국의 성황이라는 명칭을 빌려 표기한 것이다.' 라고 한 것이 이를 뒷받침한다.

성황은 전국 어디를 가든지 있었다. 대개의 마을마다 서낭을 모시고 있었으며, 산길을 가면 고개 위나 큰 나무 아래 단을 쌓은 곳이 있었다. 서낭제에는 수많은 무당들이 동원되었으며 무악에 맞추어 춤추고 노래를 불렀다.

무녀들은 질병도 치료하였다. 세종(1419~1450년) 때에는 모든 무녀들이 백성의 열병 치료에 참가해야 한다고 나라에서 명하였다. 세조(1456~1468년) 때는 무녀들을 활인서*에 소속시켜 질병을 치료하게 했다. 전염병이 돌 때 의생과 함

*활인서 : 가난한 사람들의 질병을 치료하고 생활을 도왔던 관청.

께 치료했으며, 무사귀신과 역신*에게 제사하는 여제를 지내
기도 하였다.

　　성리학에 젖어든 유신들은 무당의 행위를 비과학적이라
고 비판했지만, 국
가 차원에서는 무
당의 치병 기능을
인정했다. 그 이유
는 무엇일까? 옛날
에는 전염병이 커
다란 문제였다. 전
염병이 돌면 한 마
을이나 한 고을이
쑥대밭이 되었다.
옛날 사람들은 이
런 병들을 모두 귀
신이 조화를 부리
는 것이라고 생각
했다. 그래서 병을
구하는 것도 귀신
과 교제하는 무당
들만이 가능한 일

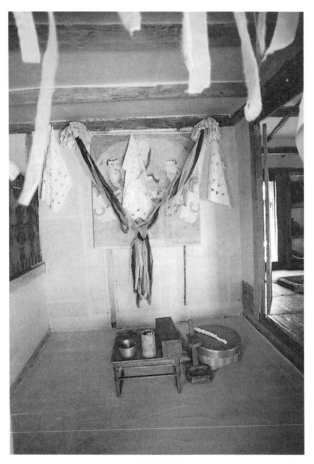

무 신앙은 우리 민족의 정서 속에 녹아 흐르는 보편적인 사고이다 (제주도).

이라고 믿었던 것이다.

그러나 유교주의 국가였던 조선 왕조에서 무풍이 성행하는 것이 용납될 수 없었기에 무교를 금지하는 조치가 마련되었다. 백성을 현혹시키는 요사스런 무당을 처벌하였고 무당들이 도성 안에 살지 못하게 하였다. 무당의 신상을 파악하기 위해 무적*을 만들고 무업세*를 거둬들이기도 했다.

무교 배척은 사림파들이 정권을 잡으면서 더욱 심해졌다. 사림파들은 성리학적 향촌 질서를 지키기 위해서 무교적 전통이 극복되어야 한다고 생각했다. 사림파의 탄압으로 국가 제사에서 무격이 배제되었으며, 동제에 무당들이 참여하지 못하였다.

그러나 조선 왕조에서는 무당을 현실로 인정하고 있었다. 무업세를 거두어 재정을 보충한 것이나 무당을 도성 밖으로 내쫓긴 했지만 외곽에서 거주할 수 있도록 한 것이 그 예이다. 이 때문에 국가나 사회적 차원의 무 신앙은 크게 줄었지만 부녀자와 서민층에서는 쇠퇴하지 않았다.

이러한 사실은 조선 왕조 말기에 이르기까지 궁중 부녀자들 사이에서 무 신앙이 여전히 영향력을 가지고 있는 데서도 알 수 있다. 임진왜란 이후에는 특히 궁중 여인들 사이에 질투와 시기가 심해지면서 서로 무당을 시켜 저주하는 풍습이 성행하였다. 숙종 때 장희빈과 궁중 무의는 왕비가 빨리

*무적 : 무당의 신분에 관한 사항을 기록한 장부.

*무업세 : 무당으로부터 거둬들이는 세금.

과학이 발달한 오늘날에도 답답한 마음을 달래고 가족의 평안을 기원하기 위해 무당을 찾는다.

죽도록 저주하는 굿을 벌였다. 19세기 말에도 명성황후가 대원군을 저주하는 굿을 벌여 정치 문제가 되기도 했다.

19세기 초 순조 때에는 약 5,000명 정도이던 무당의 수가 1935년경에는 12,380명으로 증가하였다는 사실도 백성들이 어려운 시기에 절실하게 무 신앙에 매달렸음을 말해 주고 있다.

고통에서 벗어나 희망을 주는 민간 종교

무 신앙은 고조선부터 오늘날까지 전승되면서 민간에 깊이 뿌리박혀 있다. 누구의 권유에 의하거나 일부 지방에만 있어 온 현상이 아니라, 우리 민족의 정서 속에 녹아 흐르는 보편적인 사고이다.

과학이 발달한 오늘날에도 어머니들은 자녀의 대학 입학이나 결혼, 가족 중 병든 이가 있으면 무당을 찾아가 점을 본다. 답답한 마음을 달래고 평안을 얻기 위해서다.

삼국 시대 이후부터 불교 · 유교 · 기독교 등 외래 종교들이 많이 전래되었으나 모두 표층*에만 머물렀다. 배고프고, 불안하고, 병든 백성들의 현실을 달래기에는 부족했다. 그러기에 백성들의 내면에는 언제나 무를 비롯한 민간 신앙이 자리잡은 것이다.

어느 동네를 가나 마을 어귀에 서낭당이 있어서 마을을 지켜 주었다. 집안의 요소마다 가신*이 있어서 액을 물리치고 행운을 가져다 주었다. 비가 오지 않을 때는 무당을 동원해 하늘에 빌었다. 농민들의 절실한 소원을 무당을 통해 하늘에 비는 수밖에 달리 방법이 없었기 때문이다. 전염병이

*표층 : 겉을 이루고 있는 층.

*가신 : 집을 지킨다는 귀신.

무속은 항상 백성들 가까이에서 어려운 현실을 극복할 수 있는 용기와 희망을 주었다.

돌면 무당을 동원해 굿을 하였다. 마을 단위로 무사 귀신과 역신에게 여제를 지내기도 했다. 더 큰 신령의 힘을 이용하기 위해서 장승을 세우거나 산천 또는 성황 등에 빌었다.

이렇게 무속은 항상 백성들 가까이에서 어려운 현실을 극복할 수 있는 용기와 희망을 주었다. 무 신앙이 오랫동안 우리 민족에게 전해질 수 있었던 것도 모두 삶의 고통 속에서 백성들을 구원해 주고 희망을 주었기 때문이다.

나라에서 민간으로
내려온 산신 신앙

산이 많은 우리 나라에서는 일찍부터 산에 대한 믿음과 경배가 강했다.
산신이 마을을 평안하게 지켜 준다는 믿음이 산신 신앙을 자연스럽게 우리 민족의 토착 신앙으로
자리잡게 했다.

들어가기

나라에서 민간으로 내려온 산신 신앙

오랜 옛날부터 사람들은 높은 산을 신성한 곳으로 여겼다. 사람이 사는 마을과 하늘을 연결하는 곳으로, 사람이 죽으면 영혼이 산을 거쳐 하늘로 올라간다고 믿었다.

특히 산이 많은 우리 나라에서는 일찍부터 산에 대한 믿음과 경배가 강했다. 조상들에게 산은 나라의 시조가 강림한 곳으로서 숭배의 대상이었다. 살아가는 데 필요한 열매나 나무 등을 주는 고마운 곳이기도 했다. 심지어는 산신이 자식을 점지해 주고 악귀들로부터 생명을 보호하며 길흉 화복을 관장한다고 믿었다.

나라에서는 영험하다는 산에 사당을 세우고 제사를 지냈다. 나라에 어려움이 있을 때나 가뭄이 들 때 주로 산신께 제사를 드렸다. 고려 시대에는 나라에 큰 어려움이 있자 임금이 대궐의 뜰 안에 산천의 신들을 모셔다가 친히 제사를 지내기도 했다. 일반 백성들도 마을 뒷산에 산신을 모셔 놓고 제사를 지냈다. 이 때의 산신은 마을의 수호신으로서 마을을 지켜 주고 잡귀들도 쫓아 주었다. 산신이 있으므로 마을은 비로소 평화로울 수 있었다.

나라를 세운 시조들은 산신이 된다

산신 중에서도 국조신과 성모신이 주로 숭배되었다. 국조신은 이름 그대로 나라의 시조들이 죽어서 된 산신이다. 우리 민족 최초의 건국 신화에 나타나는 단군도 산신이 되었다. 단군 신화에 보면 환웅은 태백산 아래로 내려와 고조선을 세웠으며, 그의 아들 단군 왕검은 아사달로 들어가 산신이 되었다고 한다.

이 외에도 수로왕은 김해 구지봉에 내려와 가락국을 세웠으며, 뒤에 산신이 되었다. 주몽은 능심산에 내려와 고구려를 열었고, 죽어서 산신이 되었다. 신라의 건국 신화에 나오는 6촌의 시조들도 모두 하늘에서 산으로 내려와 나라를 연 뒤 나중에 산신

우리 민족 최초의 건국 신화에 나타나는 단군도 산신이 되었다 (서울 인왕산).

이 되었다.

이들이 내려온 산은 신의 세계인 하늘과 인간의 세계인 땅을 연결하는 곳이다. 인간이 산신에게 기원하면 산신은 하늘과 연결된 고리를 통해 인간의 소원을 이루어 준다.

성모신은 한 나라를 세운 시조의 어머니나 왕실의 여인이 죽어서 된 신이다. 대표적인 성모산신으로는 박혁거세의 어머니 서술성모가 있다. 박혁거세는 알에서 태어났다고 전해지지만 《삼국유사》의 또 다른 기록에는 선도산 서술성모의 아들이라고 한다.

서술성모는 원래 중국 황실의 딸로 이름은 사소였다. 일찍이 우리 나라 변한 땅에 와서 신선술을 배워 오랫동안 머물렀다. 그러던 어느 날, 신모는 소리개를 만났다. 아버지인 황제가 기르던 소리개가 우리 나라까지 날아온 것이다. 소리개의 발목에는 편지가 있었다. '소리개가 머무는 곳을 따라 집을 삼으라.'는 내용이었다. 소리개가 서연산에 앉자 신모는 오랫동안 그 곳에 자리를 잡고 나라를 보위*하니 신령한 기적이 많이 일어났다. 신모가 신령한 아들을 낳아 동쪽 나라의 첫 임금으로 삼았으니 그가 바로 혁거세이다.

이 밖에도 고대 산신 중 여성으로서 성모로 일컬어진 예가 많이 있다. 가야국의 시조 김수로왕을 낳은 정견모주도 가야산의 산신이다. 《신증동국여지승람》에는 최치원이 지은 《석

*보위 : 보전하여 지킴.

이정전》을 인용하여 정견모주에 관한 전설을 기록하고 있다.

가야산신 정견모주는 천신 이비가에 감응하여 대가야왕 뇌질주일과 금관국왕 뇌질청예를 낳았다. 뇌질주일은 이진아시왕의 별칭이고 뇌질청예는 수로왕의 별칭이다.

사람들은 가야산은 정견모주의 보살핌으로 전란의 피해가 적었다 하여 정견모주에게 제사를 지냈다고 한다.

신라 제2대 남해왕의 비인 운제 부인도 운제산의 성모가 되었다. 18대 실성왕 때의 박제상 부인도 남편을 기다리다 죽은 후 치술령의 성모가 되었다. 이와 같이 성모가 있는 산은 신성하고 위대한 산, 어머니와 같은 마음으로 백성을 돌보는 산으로 존중을 받아 왔다.

삼국 시대부터 숭배된 가장 전통적인 신앙

우리 민족의 산악 숭배의 골격은 진산 숭배이다. 국조신이나 성모신이 살고 있는 산과 달리, 진산 숭배는 고을을 보호하는 주산을 정해 백성들뿐만 아니라 국가에서도 제사를 지내는 것이다. 이러한 전통은 오늘날까지 이어져 고유한 민간 신앙의 맥을 잇고 있다.

진산 숭배에 대한 기록은 삼국 시대 때부터 발견되고 있다. 《삼국사기》에 따르면 고구려에서는 항상 3월 3일에 낙

랑의 언덕에 모여 사냥을 하고, 잡은 멧돼지와 사슴으로 하늘과 산천에 제사를 올렸다고 한다. 고구려 제26대 평원왕은 여름 가뭄이 들자 끼니를 줄이고 산천에 기도하였다는 기록도 있다. 또한 부여에서는 왕이 늙어서 자식을 두지 못하자 산천에 제사를 지냈다고 한다. 백제에서도 제5대 초고왕 때 큰 단을 모아서 천지 산천에 제사를 지냈다. 신라에서는 제5대 파사이사금이 메뚜기가 농사에 피해를 입히자 여러 산천에 제사를 지냈다. 제7대 일성이사금도 태백산에 가서 친히 제사를 지냈다는 기록이 보인다.

이와 같이 삼국 시대부터 국가에서는 크고 작은 일로 산천에 자주 제사를 지냈다. 나라에 따라서는 국가의 진산으로 삼산 또는 오악을 정해 나라의 평안과 번창을 기원하였다.

백제에는 삼산이 있었는데, 부여군에 있는 일산(현재 위치 미상), 오산(부여 동남의 조산), 부산(백마강 서쪽)이 그것이다. 《삼국유사》에는 '국가의 전성기에는 그 위에 신인이 살았으며, 아침·저녁으로 끊임없이 하늘을 날아 왕래하였다.'는 기록이 있다.

삼국 중 가장 체계적으로 진산을 숭배하였던 나라는 신라이다. 신라는 삼산 오악을 두고 나라에서 제사를 지냈다. 삼산은 나력(경주 낭산), 골화(영천 금강산), 혈례(청도 오례산)였으며, 오악은 토함산, 계룡산, 지리산, 태백산, 부악산(팔공산으로 추정)이었다.

오악 중 토함산은 석탈해가 산신이 되어 왜구를 지키고 있다고 한다. 탈해는 본래 동해의 용성국에서 태어나 버림을 받았으나 다행히 고기잡이 할머니 눈에 띄여 목숨을 구하였다. 그는 육지로 나온 지 7일 만에 토함산에 올라 돌무덤을 만들었다. 그 속에서 7일 동안 머무르며 성 안을 살펴보고는 다시 세상으로 나왔다고 한다.

탈해는 죽은 후 태종 무열왕의 꿈에 나타나 자기의 뼈를 토함산에 묻으라고 하였다. 왕은 토함산 꼭대기에 사당을 지은 후 탈해를 그 곳에 봉안*했다. 임금들은 대대로 이 사

신라 사람들이 석탈해가 산신이 되어 왜구를 지키고 있다고 믿은 토함산.

*봉안 : 신주나 화상을 모시는 것.

당에 가서 나라가 편안하게 해 달라고 기도했다 한다.

탈해가 산신이 된 동악을 포함한 삼산 오악에서는 나라를 지키고 재해를 방지하며, 기우와 풍년을 기원하는 제사가 받들어졌다.

《삼국유사》에는 경덕왕 때 오악 삼산신이 때때로 대전의 뜰에 나타나는 것을 보았다는 기록이 있다. 헌강왕이 포석정에서 남산신이 나타나 춤추는 것을 보았다는 기록도 있다. 또한 단석산에서 수도하던 김유신이 산신으로부터 보검을 받고 삼국 통일을 맹세하였다는 이야기도 진산 숭배를 담고 있다.

경덕왕이나 김유신에게 나타난 산신, 국사를 뒤로 하고 놀기만 하는 헌강왕 앞에 나타나 나라의 위기를 경고한 산신은 모두 나라를 진심으로 걱정하는 모습이다.

평나산 산신의 후손으로 왕이 된 왕건

고려도 신라 못지않게 산악을 숭배했다. 왕조를 세운 것이 풍수 지리설과 맺어진 산악 숭배에 힘 입었다는 믿음 때문이었다. 풍수 지리설로 유명한 도선 국사가 왕건이 태어날 집터를 정해 주어, 왕건이 고려를 세웠다는 것이다.

또한 《고려사》에 보면 왕건의 7대 조상인 호경은 평나산 산신이 되었다.

호경은 스스로 성골 장군이라 하였는데, 활을 잘 쏘아 사냥하여 먹고 살았다. 하루는 마을 사람 아홉 명과 함께 평나산에 매 사냥을 갔다가 날이 저물어 바위 굴 속에서 자게 되었다. 그 때 바로 굴 앞에서 호랑이가 으르렁대는 소리가 들렸다. 일행은 깜짝 놀라 어떻게 할지 의논하였다. 결국 쓰고 있던 관을 벗어 던져 호랑이가 잡은 관의 임자가 밖으로 나가기로 하였다. 모두가 일제히 관을 벗어 던졌는데, 호경의 관이 호랑이에게 잡혔다.

호경은 모든 것을 체념하고 호랑이와 싸워 보려고 마음먹었다. 그런데 호경이 나오자 호랑이는 홀연히 자취를 감춰 버렸다. 이 때 뒤에서 '우르르 쾅' 하는 소리가 들렸다. 호경이 뒤를 돌아보니 굴이 무너져 내리고 있었다.

호경은 마을로 돌아가 사람들을 데리고 다시 산으로 돌아왔다. 아홉 명의 마을 사람들을 장사지내기 전에 먼저 산신에게 제사를 지냈다. 그 때 산신이 나타나서 말했다.

"나는 과부로서 이 산을 다스리고 있었습니다. 이제 성골 장군을 만났으니 부부가 되고자 합니다."

산신은 말이 끝나자 호경과 함께 사라져 버렸다.

이후, 마을 사람들은 호경을 대왕으로 봉한 후 사당을 세워 제사 지냈다고 한다.

산신 숭배는 삼국 시대부터 조선 시대까지 가장 전통적인 자연 숭배 사상이었다 (산신제를 올리는 모습).

산신이 도와야 나라가 편안하다

태조 왕건은 산신의 후손이라고 선전하면서 백성들의 지지를 받았다. 뿐만 아니라 산신 신앙을 팔관회라는 국가적인 행사로 결집시켜 백성들을 하나로 만들었다. 이후 고려는 왕실에서부터 민간에 이르기까지 모두 산신을 숭배하였다.

고려는 덕적산·백악·송악·목멱산 등의 진산을 두고 매년 봄과 가을에 제사를 지냈다. 또한 큰 변란이나 국가의 위기가 있을 때마다 명산에 기도를 드렸다. 현종 2년(1011년)

거란병이 쳐들어왔을 때 감악신사에 비바람이 크게 일어 병사와 말이 많은 것처럼 보여 거란병이 후퇴했다고 한다. 이에 국가에서는 관리를 보내어 보답하는 제사를 지냈다.

고종 43년에는 충주 사람들이 몽고군에게 쫓겨 월악신사로 도망을 갔을 때, 갑자기 비바람이 치고 우박과 천둥·번개가 세상을 뒤덮어서 몽고군이 철수했다고 한다. 또한 삼별초의 난이 진압되었을 때 무등산·금성산·감악산 등의 도움이 있었다고 믿고 제를 올렸다.

국가에 중요한 행사가 있을 때에는 명산에 호를 내리기도 했다. 이와 같은 국가적인 행사가 자주 열린 것은 산이 나라와 마을을 보살피고 지켜 준다는 믿음 때문이었다.

고려 산신은 비를 조절하는 힘이 있는 것으로 믿어졌다. 그래서 오랫동안 비가 내리지 않으면 산신에게 빌었고, 비가 너무 많이 와도 비가 그치기를 빌었다.

이 외에도 산신은 병을 낫게 해 줄 수 있는 힘도 가지고 있었다. 민간에서는 병이 나면 사당을 찾아가 옷이나 말을 바치고 기도했다.

예종 4년(1109년)에는 전염병이 돌자 유사에게 명하여 여러 사당에 제사하여 역질을 물리치도록 하였다. 또 충렬왕이 병에 걸리자 사신을 보내 지리산에 제사를 지냈던 것 등은 모두 이러한 믿음에서 나온 것이다.

이성계가 계룡산에 가서 나라를 세우게 해 달라고 기도하니 산신은 들어 주지 않았다 (계룡산 산신당).

이처럼 고려 시대에는 산신이 사람의 길흉 화복에 커다란 영향을 끼친다고 믿었다. 그래서 산신에 대한 숭배가 왕실에서부터 민간에 이르기까지 크게 성행하였다.

이성계가 보광산을 금산이라 부른 사연

고려와 마찬가지로 조선도 산신의 도움으로 건국을 이루었다고 믿었다. 일찍부터 산을 신성하게 여긴 이성계는 전국의 명산을 다니며 산신령에게 새 나라를 세우게 해 달라고

기도를 올렸다. 계룡산에 가서 기도하니 여기는 정씨가 도읍할 땅이라며 들어 주지 않았다. 그래서 그 산을 정씨를 누르는 산이라고 하여 압정산이라 불렀다.

이성계는 다시 지리산에 가서 기도를 드렸다. 지리산의 산신도 이성계의 기도를 들어 주지 않았다.

이성계는 지리산 산신을 괘씸하게 여겨 전라도로 귀양을 보냈다고 한다. 그래서 지리산은 경상도에 있으면서도 전라도 지리산이라고 부르는 것이다.

이성계는 남해도로 건너와서 보광산에 기도를 올렸다. 그랬더니 보광산 산신이 소원대로 나라를 얻게 해 주면 무엇을 바치겠느냐고 물었다. 이성계는 산신님은 여자니까 비단 치마를 입혀 드리겠다고 약속했다.

산신들의 도움이 있어서인지 이성계는 조선을 세울 수 있었다. 그러나 왕이 된 이성계는 고민에 빠졌다. 보광산 산신과의 약속을 지키려면 산 전체에 비단을 입혀야 했기 때문이다. 비단은 쉽게 낡기 때문에 자주 바꿔 입혀야 하는데, 그러려면 백성의 재물을 많이 걷어야 했다. 왕의 고민을 짐작한 한 신하가 좋은 계책을 냈다. 산의 이름을 비단 '금' 자를 써서 '금산'이라 하면 해마다 비단으로 두를 필요가 없다는 것이었다. 그리하여 이 때부터 보광산의 이름이 금산이 되었다 한다.

절집에 모셔지면서 더욱 널리 퍼져

조선 시대에 접어들면 산신 숭배에 대한 기록이 더욱 많아진다. 신앙의 형태가 다양화되었으며, 특히 산신 신앙과 동일시되던 성황신 숭배가 크게 유행하였다. 또한 백성들이 지내는 산천 제사를 음사로 규정하여 금지하였다. 국가가 종교 제사를 일원화시킴으로써 중앙 집권을 강화하고자 하여 일반 서인들의 산제를 금하였던 것이다. 그 대신 국가는 중앙 관리나 지방관에게 산제를 직접 모시게 하였다.

《정종실록》에 보면 태종이 즉위한 해에 다음과 같

남해의 보광산 산신은 새 나라를 세우게 해 달라는 이성계의 소원을 들어 주었고, 이성계는 이후 보광산을 금산이라 불렀다 (경남 남해).

은 기록이 있다.

천자 · 제후 · 사 · 서인은 각각 제사하는 것이 따로 있습니다. 천자가 천지에 제사한 후에 제후가 산천에 제사하는 것입니다. 그런데 지금 우리 국가의 습속에는 서인도 산천에 제사를 지내고 있으니, 마땅히 금지해야 합니다.

그러나 음사로 규정된 성황제나 산제는 잠시 중단되었다가 다시 치러졌다. 임진왜란과 정유재란 등 두 차례의 국난을 겪으면서 종교적인 믿음으로 난을 극복하려 했기 때문이다. 고려가 몽고 침략을 불교의 힘으로 극복했던 것처럼 조선에서도 산악 숭배에 한가닥 기대를 걸었던 것이다.

양난 이후에도 성황당이나 산신당은 전란의 피해가 적었다. 사람들은 이것을 산신이 영험하기 때문이라고 생각했다. 그래서인지 조선 시대 중기에 이르면 전국의 명산이나 명당에는 물론, 주 · 군 · 현 단위로 산악제를 지내게 되었다. 조선 후기에 이르면 산신이나 성황에게 제사 지내던 곳이 391개소나 되었다고 한다. 여기에 개인적인 산신 기도처를 합하면 헤아릴 수 없을 만큼 많아 산신 신앙이 대중화되었음을 알 수 있다.

산신의 심부름꾼은 호랑이

산신은 조선 후기에 불교에 흡수되면서 사찰에 산신각이 들어서게 되었다. 산신각에는 대체로 산신과 호랑이가 등장하는 산신도가 모셔졌다. 산신은 백발이 성성하고 흰 수염이 길게 난 늙은 신선의 모습이었다. 나이를 헤아릴 수 없을 만큼 오랜 연륜이 쌓인 노인의 모습인 것이다. 그의 표정은 위엄을 지니면서도 자비롭다. 마을에 침입하는 잡귀도 물리치고 마을을 사랑하는 마음도 지녀야 하기 때문이다.

게다가 호랑이를 개나 고양이처럼 거느리고 있다. 산신도에 호랑이가 등장하는 것은 호랑이를 산신의 화신이나 사자로 믿기 때문이다. 그래서 호랑이를 산군 · 산왕 · 산지킴 · 산주인 · 산영감 등으로도 부른다.

호랑이는 산에서 사는 맹수 중 가장 용맹하다. 여기에 호랑이에게 당하는 피해는 호랑이를 두려움과 존경의 대상으로 만들었고 마침내 산신으로까지 여기게끔 하였다.

사람들은 호랑이를 두려워하지만 산신도에 나타난 호랑이는 대체로 순한 선비 같아 보인다. 마치 산신의 미소 띤 얼굴을 닮았다. 인간에게 잘 길들여진 귀여운 강아지나 재롱둥이 고양이처럼 그려 무섭게 여겨지기보다는 가까이 하고 싶어진다.

호랑이는 신성한 동물이지만 사람을 잡아먹을 정도로 탐욕스럽기 때문에 신의 사자가 되려면 탐욕을 씻어야 한다. 그래서인지 불교에서는 산신령에게 귀의하려는 호랑이에게 영약인 감로수를 먹이는 장면이 그려지기도 한다. 또한《금강경》감응도에는 고약한 호랑이가 금강경 소리에 감응을 받아 착한 일만 하게 되었다는 이야기도 전해진다.

산신은 주로 백발이 성성하고 흰 수염이 길게 난 노인으로, 호랑이를 거느린다.

마을의 안녕을 비는 소박한 민족 종교

산신 숭배는 삼국 시대부터 조선 시대에 이르기까지 가장 전통적인 자연 숭배 사상이었다. 산신 신앙은 조선 후기 왜구와 오랑캐의 침입 이후 더욱 널리 퍼졌다. 조선 후기 두 차례의 커다란 전쟁과 정치·사회적 혼란 속에서 민중들은 희망과 버팀목이 되어 줄 정신적인 지주가 필요했다. 그 대표적인 신앙이 바로 마을 신앙의 중심에 있던 산신이었다.

산신이 널리 대중화될 수 있었던 것은 불교에 수용되었기 때문이다. 산신은 사찰의 명당 자리에 모셔져 산과 사찰을 보호하는 신이 되었다.

개화기에 이르면 산신각이나 산신당이 명산이나 사찰·마을 단위나 가가호호까지 모셔지면서 산신은 확고한 민족 종교로 자리잡게 되었다. 산신이 마을을 평안하게 지켜 준다는 믿음이 산신 신앙을 자연스럽게 우리 민족의 토착 신앙으로 자리잡게 한 것이다.

어민들의 풍요로움을
보장하는 풍어제

풍어제는 바다를 끼고 있는 어촌 마을에서 사고를 막고 마을의 평안과 풍어를 기원하며
벌이는 굿이다. 점차 본모습을 잃어가는 풍어제는 그 놀이성과 예술성을 꽃 피워 맥을 이어
나가야 할 우리의 전통 유산이다.

들어가기

어민들의 풍요로움를 보장하는 풍어제

풍어제는 바닷가 마을이나 배를 부리는 집에서 매년 또는 몇 년에 한 번씩 풍어를 기원하며 벌이는 굿이다. 바다는 어부들이 생명을 걸고 고기잡이 하는 곳이다. 배를 타고 넓은 바다로 나선 어부들은 고기잡이를 마치고 무사히 집으로 돌아올 때까지 삶과 죽음 사이에 놓이게 된다. 그래서 바다를 끼고 있는 어촌 마을에서는 옛날부터 사고를 막고, 마을의 평안과 풍어를 기원하는 제를 올렸다. 이러한 제의를 통틀어 풍어제라고 한다. 우리 나라의 대표적인 풍어제로는 해안선을 따라 형성된 동남해안 별신굿, 황해도 옹진·해주 지방을 중심으로 한 대동굿과 배연신굿, 전라도 위도 지방의 띠뱃놀이가 있다. 이러한 제의가 마을 단위의 풍어제라면, 배 주인들이 개별적으로 지내는 뱃고사도 풍어제라고 볼 수 있다.

배서낭을 잘 모시면 안전하다

뱃고사란 배를 가진 선주가 뱃신에게 고사 지내는 것이

다. 선주들은 보통 설날·보름·추석 때나 고기잡이 나가기 전, 흉어가 계속될 때 제사를 지낸다.

뱃고사에서는 뱃기 장식이 중요하다. 뱃기는 보통 다섯 색 깔인데, 한 배에 1~2기에서 5~6기까지 장식한다. 이 중 이 물칸 뱃머리나 조타실 앞에 장식한 기가 고사기로서 신간[*] 또는 신체[*]가 된다. 뱃사람들이 말하는 서낭기는 바로 이 기를 의미한다. 서낭기 외에도 대어기·삼각기 등을 장식하여 화려한 분위기를 돋군다.

*신간 : 신령을 상징하는 기둥.

*신체 : 신령을 상징하는 신성한 물건.

배를 가진 선주들은 보통 설날·보름·추석 때나 고기잡이 나가기 전, 흉어가 계속될 때 제사를 지낸다.

뱃고사에 모셔지는 배서낭은 배와 선원을 보호하고 풍어를 가져다 주는 신이다. 3색의 천과 가위·실·바늘을 배서낭으로 모시기도 하며, 여자 옷을 개어 놓기도 한다. 그냥 한지를 접어 붙이기도 하고 거기에 '선왕지위'라고 위패처럼 써 붙이기도 한다. 남해안 일부 지방에서는 조그만 종지 그릇에 쌀과 정화수를 담아 배서낭으로 삼는다. 배서낭은 조타실이나 특수 봉안실에 봉안*한다. 하지만 배서낭을 신앙하고 제사 지내면서도 신체를 봉안하지 않는 배도 많다.

배서낭을 모시는 시기는 배 내리기를 할 때이다. 선주는 목욕을 하고 무당을 불러 뱃고사를 지낸다. 배서낭을 위해 풍어기와 만선기를 달고 주민들을 불러 음식을 베푼다.

배서낭은 배가 폭풍우를 만나거나 부서질 위험이 닥칠 때면 미리 소리를 내서 뱃사람들에게 조난을 예고해 준다고 믿었다. 또 꿈에 여자가 배에서 내리면 배서낭이 배를 버렸다고 해서 고기잡이를 나가지 않는다. 고기가 잡히지 않을 때는 배서낭이 노했다 하여 치성을 올렸다. 어쩌다 조난을 당해 배를 버리게 될 경우라도 배서낭만은 최후까지 모셔야 한다고 믿었다.

배의 안전과 풍어를 비는 뱃고사는 선주가 개인적으로 지냈지만, 마을 사람들이 한 자리에 모여 흥겹게 즐기며 피로를 푸는 마을 공동의 놀이이기도 했다.

*봉안 : 신주를 모심.

은산과 하회 마을에서도 전해지던 별신굿

별신굿은 동해안과 부산, 경남 지방의 해안에서 벌여 온 풍어제이다. 지금도 동해안 지역에서는 별신굿이라고 부르기보다는 알기 쉽게 풍어제, 혹은 풍어굿이라 부른다.

그러나 별신굿은 풍어만을 기원하는 제의가 아니라 마을의 안녕과 수호, 풍농과 풍어 등을 기원하는 의식으로, 당신을 비롯한 여러 신이 신으로 모셔진다. 별신굿은 본제인 동제 뒤에 행해지는데, 동신과 더불어 별도의 신들을 따로 모신다고 하여 별신굿이라 부르는 것 같다.

별신굿은 고대 국가의 제천 의식에서부터 비롯되었다. 부여의 영고, 고구려의 동맹, 동예의 무천 등이 하회 별신굿과 같은 마을 행사로 축소되고, 한편으로는 어촌 행사로 변천되어 온 것이다.

은산과 하회 마을 등 일부 내륙 지방에서도 별신굿이 행해졌다. 그러나 이 별신굿은 풍어를 기원하는 굿과는 관련이 없다. 하회 별신굿 탈놀이는 민속 가면극으로서 경상북도 안동군 풍산읍 하리동에 전해 오고 있다. 연례 행사로 서낭신에게 제사 지내는 동제와는 달리, 10년에 한 번씩 치르

하회 별신굿 탈놀이는 민속 가면극으로서 경상북도 안동군 풍산읍 하리동에 전해 오고 있다 (하회 마을).

는 큰 굿놀이이다.

하회 마을은 고려 중엽까지는 허씨가, 그 뒤에 안씨가, 조선 초기에 이르러 풍산 류씨가 집단적으로 이주·정착했다고 한다. 하회탈을 만든 사람은 허도령이라는 전설이 전해지는 것으로 보아, 이 탈놀이는 고려 중엽 허씨에 의해 형성된 것으로 보인다.

굿에 모셔지는 서낭신은 17세의 김씨 처녀로 허도령의 애인이었다고 한다. 허도령이 탈을 만드는 동안 절대로 보아서는 안 된다고 일렀는데, 이를 어겨 허도령이 이매탈을 만들다가 죽었다고 한다. 이에 처녀도 스스로 목숨을 끊자 그 넋을 위로하기 위해 서낭신으로 받들게 되었다는 것이다.

은산 별신제는 충청남도 부여군 은산면 은산리에 전해 오는 민속 놀이이다. 본래 백제를 지키다가 죽은 병사들을 위로하기 위한 제사에서 비롯되었으며, 제사는 3년마다 한 번씩 정월 또는 2월에 행하여진다. 100여 명이 참가하여 13일간이나 제사 지낸 뒤 놀며 즐기는데, 그 성격은 토속 신앙에 군대 의식이 더해진 것이다.

시장을 번영시키기 위해 지내던 별신굿

조선 시대 기록에 나타나는 별신굿은 상인들이 시장의 번영을 위해 벌인 경제적인 축제였다. 남효온(1454~1491년)이 쓴 《추강냉화》에는 '영동에는 매년 3·4·5월 중에 날을 받아서 무당을 맞이하여 산신에게 제사 지내는 민속이 있다. 이 때 부자는 제물을 말바리에 싣고 가난한 사람은 등에 지고 가서 젯상에 올린다. 3일 연속 마시고 배불리 먹은 후에 집으로 내려와서야 비로소 물건을 팔고 산다.'는 기록이 보인다. 이능화는 《조선무속고》에서 이 기록을 '별신'으로 보았는데, 동해안의 별신굿과 시기나 지역이 같아, 조선 초기 별신굿의 모습을 떠올릴 수 있다.

1920년대 조선 총독부의 조사 기록에도 경주·충주·김천 등에서는 시장의 번영을 위해 별신굿을 했다고 한다. 이 굿은 보통 3·5년 또는 10년에 한 번씩 3일 내지는 7일 간 벌이던 대대적인 향토 축제였다. 시장 대표자들이 제관*이 되어 먼저 제사를 지내고 나서 무당이 굿을 한다. 별신굿만을 하는 무당들이 따로 있었는데, 이 점도 지금 동해안의 별신굿과 비슷하다.

별신굿에서는 때로 씨름·그네·농악 등 군중을 동원하는 대형 놀이들도 이어졌다. 이런 놀이에는 연일 마을 주민들이 구름같이 모여들었다고 한다.

조선 총독부 보고서를 보아도 각 지방에서 행해지는 별신굿은 지방 민중들이 무척이나 기다리던 즐거운 축제였음을 알 수 있다. 별신굿은 1920년까지도 계속 이어졌으나, 일제의 엄중한 단속으로 점차 소멸되었다고 한다.

각종 형태로 전국에 전승되던 별신굿이 지금은 동남 해안의 일부 어촌에만 전승되는 이유는 무엇일까? 이 지역 주민들은 주로 바다에서 생활하였다. 고기잡이에는 언제나 위험이 따르기 때문에 가장이 바다에 나가면 가족들은 한시도 안심할 수 없었다. 비가 많이 오거나 폭풍우가 심하면 가슴 졸이며 가장이 무사히 돌아오기를 기원했다. 농업처럼 단순하게 심고 가꾸는 일이 아니라서 풍·흉어, 안전과 위험을 모

*제관 : 제사를 주관하는 사람.

두 자연에 맡겨 버릴 수밖에 없었던 것이다.

　이러한 실정 속에서 매년 지내는 동제와 몇 년에 한 번씩 이루어지는 별신굿은 동네에서 가장 큰 행사가 되었다. 마을 사람들의 근심을 다 같이 한자리에 모아서 발산해 버리는 제의이자 온 마을 축제였던 것이다.

서해안 지방의 대동굿과 배연신굿

　서해안 지방에서는 풍어제를 별신굿이라고 부르지 않고 대동제 · 대동굿 · 띠뱃놀이 등으로 부른다. 특히 서해안 대동굿은 무당 중심의 풍어제 가운데 가장 규모가 크고 화려하다.

　대동굿은 황해도 해서 지역, 특히 옹진군의 뱃사람들이 만선의 꿈을 기원하며 한바탕 즐기던 마을 축제였다. 대동굿은 마을의 신을 모시는 대동제의와 마을 사람들이 일 년간의 마을 대소사를 결정하는 대동회의, 마을 굿이 끝나고 다함께 참여하는 대동놀이로 구별된다. 이 때에는 당산 · 당목 · 산신각 · 탑 · 장승 · 서낭당 등 마을에 있는 모든 마을신들을 모신다. 마을 사람들은 이런 신들이 마을을 지켜 준다고 믿었기 때문에 계속 제의를 지내는 것이다.

　서해안 대동굿은 세습무*가 주관하는 동해안이나 남해안

*세습무 : 신들리는 현상 없이 조상 대대로 이어받은 무당.

별신굿과는 달리 강신무가 굿을 한다. 굿은 세 공간으로 나뉘어 진행된다. 굿당에서 행해지는 본굿, 각 가정에서 행해지는 세경굿, 바닷가에서 이루어지는 강변 용신굿이 그것이다. 본굿은 마을의 평안과 풍어를 축원하는 굿이고, 세경굿은 가정의 안녕과 재복을 축원하는 굿이다. 강변 용신굿은 바다에 빠져 죽은 원혼들을 위로하는 굿이다. 마을 사람들은 이러한 굿을 통해 지연적 유대감을 다지고 신앙심을 키웠다.

대동굿 이외에도 서해안 풍어제에는 선원의 안전과 풍어

풍어제는 지역에 따라 별신굿으로 불리기도 하고, 대동제·대동굿·띠뱃놀이라고 불리기도 한다.

를 기원하기 위해 선주들이 지내는 배연신굿이 있다. 배연신굿은 배 위에서 벌이는 뱃굿으로, 음력 정월이나 이삼월에 주로 한다. 정월에 하는 굿은 대개 재수굿이며, 이삼월에 하는 굿은 사고를 당하거나 특별한 사정이 있을 때에 한다.

서해 옹진의 여러 섬에서는 배연신으로 역사적 인물인 임경업 장군을 모시고 있다. 임경업(1594~1646년)은 병자호란 때 청나라 군사와 용감하게 싸운 장군이다. 임경업 장군에게는 재미있는 일화가 하나 전해오고 있다.

임 장군이 한번은 전투에서 크게 패하여 연평도로 건너가게 되었다. 병사들은 무도의 땜습에 도착하자 굶주림에 지쳐 더 이상 앞으로 나아갈 수 없었다. 임 장군은 산에 올라가 뽀루스 나무(일종의 가시나무)를 꺾어 오게 했다. 썰물 때 이 나뭇가지를 물골에 세워 놓고 손수 축문을 외우니 조기 떼가 하얗게 걸려들었다. 임 장군은 조기를 거둬 병사들을 배불리 먹이고 땜습을 무사히 건너갔다 한다.

이 때부터 서해안 일대의 섬

서해 옹진의 여러 섬에서는 배연신으로 역사적 인물인 임경업 장군을 모시고 있다.

사람들은 사당을 짓고 임 장군을 신으로 섬겼다. 그 후 모든 배들이 임 장군을 신으로 섬겼으며, 이 때부터 배연신굿을 하게 되었다고 한다.

액운을 멀리 띄워 보내는 위도 띠뱃놀이

서해안의 절경인 부안 채석강에서 뱃길로 한 시간쯤 가면 조기잡이로 유명한 칠산 어장이 있는 위도가 나온다. 이 위도에서는 해마다 정월 초사흗날, 마을의 안녕과 풍어를 기원하며 띠배를 띄워 보내는 풍어제를 성대하게 지낸다.

원래 띠뱃놀이는 육지의 당산제와 같은 의식으로 서해안 여러 섬에서 치러졌던 풍어제이다. 그 중에서 위도 띠뱃놀이는 원형이 잘 보존되어 있어 중요 무형 문화재로 지정되었다.

띠뱃놀이는 마을 사람들이 원당*에 올라가 수호신에게 제사 지내는 것으로 시작된다. 원당제가 끝나면 마을에 내려와 주산돌기를 한 다음, 바닷가로 나가 용왕에게 제사를 지낸다. 그리고는 띠배에 마을의 온갖 재액*과 풍어를 비는 마음을 실어 바다에 띄운다. 띠배를 바다 멀리 띄워 보낼 때는 농악에 맞춰 술배 노래, 가래질 노래 등을 부르고 춤을 추며 신명나는 굿판을 벌인다.

띠배는 짚·띠·가마니로 만든다. 길이가 3m나 되는 돛

*원당 : 소원을 빌기 위해 세운 집.

*재액 : 재앙과 액운.

배로, 뱃전에는 선장격인 영좌를 비롯하여 짚으로 만든 선원들도 앉힌다. 5색 뱃기를 장식한 여러 어선들이 모선을 호위하며 바다로 나아간다. 드높이 울려 퍼지는 농악과 뱃노래를 뒤로 하고 띠배가 떠나가는 것이다. 어민들은 띠배가 이 마을의 모든 액운을 실어가리라 믿으며 풍어에 대한 꿈을 키운다.

띠뱃놀이는 육지의 당산제와 같은 의식으로, 서해안 여러 섬에서 치러졌던 풍어제이다.

어민들은 띠배가 마을의 모든 액운을 실어가리라 믿으며 풍어에 대한 꿈을 키운다.

에이야 슬배야 슬배로구나

이 슬배가 누구 슬배냐

홍동진이 슬배로세

슬배 소리 맞아 주소

먼데 사람 보기 좋고

가까운 사람 듣기 좋게

슬배 소리 맞아 주소

미끄런 조기야 코코에 걸려라

에이야 슬배야

껄끄런 박대야 코코에 걸려라

에이야 슬배야

나오신다 나오신다

에이야 슬배야

선주에 마누라 술동이 이고

발판 머리에 엉덩이춤 춘단다

에이야 슬배야 슬배로구나

걸렸구나 걸렸구나

우리 배 망자에 걸렸구나

이놈의 조기야 어디 갔다가 이제 왔냐

에이야 슬배야 슬배로구나

(중략)

액운을 실은 띠배는 멀리 사라지고 풍어를 부르는 슬배 노래만 바다 위로 울려 퍼진다.

띠뱃놀이가 끝나면 다음 날부터 정월 보름까지 마당밟기와 줄다리기를 한다. 굿 도중에 메주콩과 뜸북나물로 만든 부레밥을 바다에 던지는데, 이 역시 바다 가족들과 함께 살기 위한 민속이다.

동남 해안에서 전승되는 별신굿

고성에서부터 동래에 이르는 해안에는 3년 또는 10년 간격으로 별신굿이라는 이름의 풍어제를 지낸다.

동해안 별신굿은 남해안 별신굿과 같이 풍어를 기원하며 어부들의 무사고를 빈다. 동제와 같이 선원의 안전과 풍어를 기원하는 마을 축제로 진행된다. 마을에서 뽑은 대표가 제의를 주관하며, 필요한 경비는 선주가 일부 부담하고 나머지는 마을에서 부담한다. 맨 먼저 마을 단위로 모시는 당산신에게 고하고 마을 수호신의 강신을 받아 굿을 한다. 무당들은 제의를 지내는 동안 노래와 춤과 익살스러운 재담으로 관중들을 사로 잡아 온 마을 축제로 만든다.

동해안 별신굿의 사제무들은 부부와 자녀, 며느리·사위·조카 등 모두 친족 집단이다. 그래서 어느 지역보다 별신굿의 전승이 잘 이루어진다.

동해안 별신굿 중의 한 거리인 범굿은 호랑이로 인한 근심을 없애는 굿이다. 이 굿은 옛날에 호환이 많았던 영덕 지방 일대와 그 외 일부 지방에서만 전해진다.

범굿에서 보이는 범탈놀이는 호랑이와 포수가 연출하는 단순한 놀이가 아니라 신앙성을 띤 간절한 기원이다. 동물

풍어제는 오늘날에도 어촌 마을 주민들을 단합시키고 마을을 화목하게 한다.

의 왕인 호랑이가 포수의 총에 맞아 쓰러져 껍질이 벗겨지는 장면은 사실적이면서도 상징적이다. 그러나 굿 끝에 사람 대신 쇠머리를 가져가서 뒷산에 묻는 대목에서 위협과 회유로 마을 안전을 도모하려는 지혜가 드러난다. 이는 굿이 지닌 의미가 놀이의 차원을 떠나 신앙적이면서도 교훈적임을 느끼게 한다.

남해안에서 이루어지는 별신굿은 통영과 거제도를 중심으로 한산도·사량도·갈도 지역에서 행하는 풍어제이다. 남해안 별신굿도 고대의 제천 의례와 용왕제·산신제·서낭제에 연원을 둔 마을 공동 제의이다. 특히 통영 지방은 조선 시대에 삼도수군 통제영이 있던 곳이다. 이 영에는 교방청과 고취청이 설치되어 공인과 악무인을 많이 배출하였으므로 자연스럽게 무속 의례도 활성화되었던 것이다. 더구나 이 지역은 어촌으로서, 바다에서 일어나는 자연 재해를 극복하기 위해 길흉 화복과 풍어를 관장하는 신들을 모시는 행사를 많이 가졌던 곳이다.

남해안 별신굿도 세습무가 주재하지만, 동해안처럼 무집단 형태를 갖추지 못했고 제의 기간도 길어야 3일이다. 그래서인지 지금은 2, 3년 간격으로 지내오던 것을 해를 넘기거나 축소시켜 지내고 있다고 한다.

남해안 별신굿은 비교적 오락성이 적다. 굿을 진행하는

동안 무녀와 악기를 잡고 있는 양중 사이에 주고받는 말이 거의 없고, 무가 중간에 사설이 들어가지 않는다. 또한 관중을 웃기는 내용이 없어 흥미를 끌기에 부족하다. 그러나 관중에게 신앙심을 심어 주기 때문에, 안전과 풍어를 바라는 어민들에게 계속 전승될 것이다.

의미 찾기

오늘날에도 살아 있는 마을 축제

별신굿은 본래 여러 형태로 전국적으로 전승되는 마을 최대의 향토 축제였다. 그러나 일제의 엄중한 단속으로 점차 소멸되어 현재는 동남 해안의 일부 어촌에만 남아 있다. 이 지역에서는 바다와 맞서 싸우며 먹고 살아야 하는 위험한 자연 환경 때문에 계속 전승될 수 있었던 것이다.

풍어제는 오늘날에도 어촌 마을 주민들을 단합시키고 마을을 화목하게 한다. 바다에 나가 고기를 잡아 살아가는 선원들에겐 정신적 불안을 해소시켜 준다. 또한 선주들과 마을 주민들, 선원과 선주들을 융합시키는 구심체 역할도 톡톡히 해 내고 있다.

그러나 놀이를 미신으로 치부하고 무당들을 천민처럼 대

하면서 세습 무당들이 점점 사라지고 있다.

서해안의 위도 띠뱃놀이를 하는 세습 사제무는 단절되었으며, 현재는 무가 출신이 아닌 일반 전수자가 굿을 이끌어 가고 있다.

무굿 형태의 마을 제의는 오랜 역사성과 전통성을 지닌 정신 문화이다. 점점 원형이 상실되어 가는 별신굿의 놀이성과 예술성을 꽃피워 맥을 이어 나가야 할 것이다.

풍어제는 오랜 역사성과 전통성을 지닌 정신 문화이다. 우리로서는 그 놀이성과 예술성을 꽃피워 맥을 이어 나가야 할 전통 유산인 것이다.

진실된 삶의 방법을
깨우쳐 준 도깨비 신앙

도깨비는 우리 민족에게 무척 낯익은 귀신이다.
신통력으로 사람을 홀리기도 하고, 짓궂은 장난도 치지만 착하고
의지가 굳은 사람에게는 뜻하지 않은 도움도 주는 도깨비.
이런 도깨비 이야기에는 가난해도 진실되게 살아야 한다는 교훈이 담겨져 있다.

들어가기

해를 끼치기보다 도움을 주었던 도깨비

'옛날 옛날에……' 하고 이야기 보따리를 풀면 어김없이 등장하는 도깨비. 도깨비는 우리 민족에게 무척 낯익은 귀신이다. 초등 학교 어린이로부터 할아버지에 이르기까지 도깨비를 모르는 사람은 없다. 신통력을 부리는 도깨비 감투와 도깨비 방망이 이야기는 언제 들어도 재미있다. 도깨비는 이런 신통력으로 사람을 홀리기도 하고 짓궂은 장난도 치지만, 착하고 의지가 굳은 사람에게는 뜻하지 않은 도움도 준다. 도깨비는 우리 민족 특유의 체취와 멋을 지니고 있는 정다운 이름이다.

도깨비가 처음으로 등장하는 글은 조선 시대에 만들어진 《석보상절》이다. 이 책에서는 도깨비를 '돗가비'라고 하였다. 돗가비는 '돗'과 '아비'가 모여 만들어진 말이다. 돗은 불이나 곡식의 씨앗을 뜻하고 아비는 아버지를 뜻한다.

하지만 《삼국유사》 등 여러 문헌으로 볼 때 도깨비 신앙은 이미 삼국 시대부터 있었음을 알 수 있다. 《삼국유사》의 비형 설화는 문헌에 기록된 최초의 도깨비 이야기이다.

비형은 신라 제25대 진지왕의 혼령이 도화녀와 정을 통하여 낳은 아이다. 비형은 열다섯 살이 되자 밤마다 나가서 도깨비들과 놀다 새벽 종소리가 나서야 돌아왔다. 진평왕이 이를 알고 비형에게 신원사의 다리를 놓으라 명하였다. 비형은 도깨비를 거느리고 하룻밤 사이에 신원사 북쪽 도랑에 큰 다리를 놓아 다리 이름을 귀교라고 불렀다 한다.

도깨비를 허주라고도 부른 것으로 보아 우리 조상들은 도깨비가 실제 존재하지는 않는다고 생각했음을 알 수 있다. 그럼에도 불구하고 수많은 도깨비 이야기가 지금까지 전해 내려오는 이유는 무엇일까?

도깨비가 처음으로 등장하는 글은 조선 시대에 만들어진 《석보상절》이다.

원래 도깨비는 사람에게 해를 끼치기보다는 도움을 주었다. 정직한 삶을 살아가는 사람들에게 재물을 주고 가난한 사람을 부자로 만들어 주었다. 그렇기 때문에 백성들의 삶이 어려울수록 도깨비는 더욱 큰 믿음의 대상이었던 것이다.

🏥 좀더 알아보기

도깨비는 원래 다리가 하나(?)

흔히 도깨비라고 하면 머리에 뿔이 달렸고 온 몸에 털이 나 있으며 손에는 가시방망이를 들고 있다고 상상한다. 그러나 이 도깨비는 일본에서 들어온 오니의 모습이다. 일제 시대에 '혹부리 영감 이야기'가 초등 학교 국어 독본에 실리면서 여기에 그려진 삽화 오니가 그대로 도깨비로 둔갑한 것이다.

삼국 시대에 만들어진 귀면 기와의 모양을 흔히 도깨비라고 부르기도 한다. 이 기와들에는 한결같이 머리에는 뿔이 나 있고 눈은 툭 불거져 나왔으며, 날카롭고 긴 이빨을 가진 모습이 그려져 있다. 그러나 귀면 기와의 문양을 도깨비와 연결시키는 것은 잘못이다.

귀면 문양에는 귀신을 쫓는 기능이 있다. 사람들은 사람을 괴롭히는 잡귀를 쫓아내려고 귀면 문양을 만들었다. 하지만 도깨비에게는 귀신을 쫓는 기능이 없다. 도깨비는 원래 어둡고 습기가 있는 곳을 좋아하고 밤에 주로 나타나는 귀신이다.

도깨비는 우리 민족의 마음 속에 스스로 생겨나서 성장해 온 독특한 존재이다. 그런데도 도깨비를 중국의 귀신이나 일본의 요괴와 같이 생각하는 이유는 무엇일까? 우리 민족이 도깨비를 한자로 쓸 때 귀신 '귀'자나 '독각귀·이매망량' 등으로 표기한 데서 오해가 생긴 것이다.

이야기 속에 전해 오는 도깨비의 모습을 보면 일정한 형체가 없다. 도깨비를 한자로 '독각귀'라고 쓴 것으로 보아

귀면 문양에는 귀신을 쫓는 기능이 있다. 하지만 도깨비에게는 귀신을 쫓는 기능이 없다. 따라서 귀면 문양을 도깨비와 바로 연결시키는 것은 잘못이다 (도깨비 무늬 벽돌, 국립 중앙 박물관 소장).

다리가 하나밖에 없는 귀신이라고 생각했던 것 같다. 도깨비 다리가 하나라는 것을 뒷받침하는 민담은 많다. 가장 대표적인 것이 도깨비와 씨름한 이야기이다.

옛날 한 젊은이가 장에 갔다 오다가 산에서 도깨비를 만났다. 도깨비는 젊은이에게 씨름을 하자고 청했다. 젊은이는 도깨비와 씨름을 해서 여러 번 이겼다. 도깨비는 계속해서 대들었다. 하지만 다리가 하나밖에 없는 도깨비는 젊은이에게 계속 져서 나중에는 달아나고 말았다고 한다.

조선 세조 때 성현이 쓴 수필집 《용재총화》에는 도깨비에 대하여 '허리 윗부분은 보이지 않고, 허리 아래만 보인다. 종이옷을 둘렀고 다리는 바짝 말라 살이 없는데다 마치 흑칠을 한 것 같았다.'고 묘사하고 있다.

그러나 민간에서 전해지는 도깨비는 키가 아주 커서, 하반신은 안개나 어둠에 싸여 보이지 않고 상반신만 구름 위에 솟아 있었다고 한다. 도깨비는 큰 키를 늘리고 줄이는 것도 마음대로 할 수 있었다.

옛날 한 사람이 있었는데 길을 가다가 어두운 곳에서 달걀 도깨비를 만났다. 달걀 도깨비는 달걀처럼 생겨서 땅 위로 데굴데굴 굴러다니고 있었다. 길을 가던 사람은 너무나 갑작스러운 일이라 쳐다보고만 있는데, 달걀이 차츰 하늘에 닿을 만큼 커지더니 쏟아져 내려 그 사람을 덮어씌웠다고 한다. 이 도깨비는 차일*을 치듯 공중에 넓게 퍼졌다가 갑자기 사람을 덮어씌운 것이다. 이 이야기는 도깨비가 반드시 거인만이 아니라 여러 모습을 하고 있으며 변화무쌍함을 알려 준다.

차일을 치듯 사람을 덮어 씌우는 차일 도깨비 이외에도 도깨비의 종류는 많다. 굴러 다니는 달걀 도깨비, 불을 켜고 다니는 등불 도깨비, 홑이불을 쓰고 다닌다는 홑이불 도깨비를 비롯하여 멍석 도깨비, 더벅머리 도깨비, 강아지 도깨비 등 많은 이름으로 불리고 있다. 이는 도깨비의 형체와 다니는 모양과 역할에 따라 붙여진 이름이다.

민담에 따르면 도깨비는 나무나 돌 등의 자연물이 변해서 된다고 한다. 산이나 나무·돌에는 정기가 있는데, 이것이 바로 도깨비로 변한다는 것이다. 또 헌 빗자루·부지깽이·키·절굿대·체·깨어진 그릇·방석 등과 같이 사람이 쓰다버린 물체가 도깨비가 된다고 한다. 사람의 손때가 묻은 것, 특히 여성의 피가 묻은 것일수록 도깨비로 잘 변한다고 한다.

전해 오는 민담에는 사람들이 쓰다 버린 물건이 변해서 도깨비가 된 이야기들이 많다.

옛날에 어떤 사람이 밤길을 가다가 도깨비를 만났다. 도깨비가 귀찮게 덤비기에 산에 있는 칡덩굴을 끊어다가 나무

*차일 : 햇볕을 가리려고 치는 포장.

에 꽁꽁 묶어 놓고 집으로 돌아왔다. 다음 날 궁금해서 가 보았더니 도깨비는 어디로 갔는지 없고 헌 빗자루 하나가 묶여 있었다고 한다.

또 다른 이야기도 있다. 옛날에 한 젊은이가 밤길을 가다가 우연히 아름다운 여인을 만났다. 여인의 아름다움에 반한 젊은이는 하룻밤을 함께 보냈다. 이튿날 아침에 젊은이가 요란한 소리에 깜짝 놀라 잠을 깨어 보니, 어느 큰 다리 밑에서 헌 부지깽이 하나를 껴안고 자고 있었다고 한다.

힘든 현실에서 벗어나고자 하는 욕망이 도깨비를 만들어 냈다 (구례 화엄사의 도깨비상).

두 이야기로 보아 헌 빗자루와 부지깽이가 변해서 도깨비
가 되었음을 알 수 있다. 그래서인지 시골에서는 사람의 손
때가 묻은 물건들을 태우는 일이 많았다.

도깨비는 어디에서 살고 있을까?

귀신도 사는 곳이 있다는데 도깨비는 어디에 살고 있을
까? 조선 시대 실학자인 홍만선이 쓴 《산림경제》에는 도깨
비가 '음습한 곳에서 살며 밤에 나타난다.'고 했다. 도깨비
는 밤에 활동하다가 새벽닭이 울면 사라진다는 비형의 이야
기도 있으니 이미 신라 때부터 그렇게 믿어 왔던 것 같다.

보통 도깨비는 숲이 우거진 곳에 산다고 한다. 이는 도깨
비가 음귀적인 속성을 지니고 있으며, 사람들의 출입을 싫
어하기 때문이다. 도깨비불이 해가 지고 어둑어둑할 때나
비가 부슬부슬 내릴 때 주로 나타나는 것도 도깨비가 어둠
을 좋아하기 때문이다.

도깨비는 고개에도 잘 나타난다. 고개는 산신이 살고 있
는 산이 연장된 곳이다. 도깨비는 신성한 산꼭대기는 아니
지만, 사람들이 자주 다니는 고개에 사는 것이다. 이것은 도
깨비가 신적 대상에서 점차 멀어진다는 의미를 갖는다.

먼 옛날에 도깨비는 신으로써 공경을 받았을 것이다. 그

러다가 새롭게 형성된 불교나 도교 계통의 신들이 중심에 자리잡게 되면서 하위의 신으로 쫓겨났다. 도깨비의 신격적 속성이 점점 약해지면서 결국 산꼭대기에서 멀어져 고개에 살게 된 것이다.

도깨비는 마을 앞 개울이나 강가 · 바다 같이 물이 있는 곳에서도 잘 나타난다. 도깨비가 이런 곳에 주로 나타나는 것은 생업과 관계가 깊기 때문이다. 농촌에서 산과 개울은 살아가는 데 중요한 땔감이나 물을 공급해 준다. 바다에서 갯벌은 어부들이 생활하는 터전이다. 이 곳에서 도깨비는 어부들에게 고기가 많은 곳을 알려 주거나, 음식을 주는 사람에게 고기를 몰아다 주어 부자가 되게 한다. 하지만 도깨비에게 잘못하거나 음식 대접을 소홀히 하면 순식간에 망하게 하기도 한다. 그래서 갯벌에서 지내는 도깨비 고사에는 어민들의 절실한 기원이 담겨 있다.

도깨비를 만나면 부자가 된다

대부분의 도깨비들은 사람들과 함께 살고 싶어한다. 사람과 친구가 되거나 부부가 되어 사람들이 사는 세상으로 내려오기도 한다.

주로 과부를 찾아가서 부부가 되며, 남자하고는 친구가

된다. 도깨비와 관계를 맺은 사람들은 부자가 되는데, 이는 도깨비가 찾아올 때마다 돈을 주기 때문이다. 벼락부자가 된 사람을 보고 도깨비 만났다고 하는 이유도 이 때문이다. 재미있는 것은 도깨비가 가져다 준 돈으로 반드시 땅을 사야 한다. 만약 돈을 그대로 두면 헤어질 때 도깨비가 모두 나뭇잎이나 모래로 바꿔 버린다고 한다.

도깨비는 여자 중에서도 특히 과부를 좋아한다. 도깨비와 과부에 얽힌 이야기는 많이 있다.

옛날 어느 마을에 예쁜 과부가 살고 있었는데 밤마다 건장한 남자가 찾아와 부부가 되었다. 이 남자는 여자를 찾아올 때마다 돈을 가져다 주었다. 그런데 어찌된 일인지 이후부터 여자의 몸이 점점 야위어 가기 시작했다. 이상하게 생각한 이웃집 할머니는 과부에게 무슨 일이 있었는지 물어보았다. 과부는 그 동안의 일을 할머니에게 말했다. 할머니는 그 남자가 도깨비임을 한눈에 알아보고는 오늘 밤에 찾아오면 제일 무서운 것이 무엇인지 물어 보라고 하였다.

그 날 밤에도 도깨비가 찾아왔다. 과부는 도깨비에게 세상에서 가장 무서운 것이 무엇이냐고 물었다. 도깨비는 순진하게 말머리와 말피가 무섭다고 대답하였다. 그러고는 과부에게도 무엇이 무서운지 물어보았다. 과부는 돈이 제일 무섭다고 하였다. 다음 날 과부는 도깨비가 준 돈으로 땅을 사고, 장에 가서 말 한 마리를 샀다. 그런 다음 말머리를 대문에 걸고 담을 따라 말피를 뿌려 놓았다.

밤중에 도깨비가 과부집에 놀러 왔는데, 가장 무서워하는 말피와 말머리가 있는 것이었다. 도깨비는 집 안으로 들어가지 못하자 앙갚음으로 집 안에 돈을 마구 던져 넣었다. 과부는 속으로는 무척 좋았으나 겉으로는 무섭다고 소리치며 돈을 주웠다. 며칠이 지나자 과부는 더 이상 참지 못하고 한바탕 소리내어 웃었다. 도깨비는 그제야 속은 줄 알고는 여자가 산 논에 자갈을 잔뜩 뿌려 놓았다. 과부는 도깨비짓인 줄 알고 큰 소리로 말했다.

"올해 농사는 잘 되겠어. 개똥으로 가득 차면 농사를 망칠 텐데."

도깨비는 자갈 대신 개똥과 닭똥을 논에 채워 놓고는 과부집으로 갔다. 그런데 또 웃음소리만 들리는 것이었다. 그 후 도깨비는 밤마다 땅의 네 귀퉁이에 말뚝을 박고 끈으로 묶은 뒤 떼어 가려고 한단다. 요즘에도 도깨비가 땅을 떼어 가려고 낑낑거리는 소리가 들린다고 한다.

이 이야기에는 도깨비를 잘 이용하면 부자가 될 수 있다는 생각이 들어 있다. 도깨비가 사람에게 돈을 가져다 주는 것은 사람이 자신과 관계를 맺어 준 데 대한 보상이다. 인간은 도깨비에게 호의를 베풀고 도깨비는 보답하는 것이다.

도깨비는 관계를 맺은 이를 도와 부자로 만들어 주어 의리를 지킨다. 그런데 재물을 차지한 사람은 도깨비를 매정하게 쫓아 버린다. 순진한 도깨비는 사람에게 이용만 당하고 쫓겨나는 것이다. 결국 도깨비를 만나 부자가 되는 이야기들은 재물 때문에 의리나 신의를 헌신짝 버리듯 하는 사람에 대한 비판이 담겨 있다.

도깨비불을 잘 보면 풍년이 든다

도깨비불은 밤중이나 비가 부슬부슬 내리는 어슴푸레한 날에 잘 나타난다. 도깨비불은 푸르스름한 색을 띠며, 마치 비행접시처럼 왔다갔다 날아다니기도 한다. 어떤 사람은 그 불이 하나였다가 여러 개로 변한다고도 한다. 이러한 조화는 조선 시대 성현이 쓴 《용재총화》에 잘 기록되어 있다. 다음에 소개하는 글은 안부윤이 도깨비불을 만나 혼이 난 이야기이다.

외숙 안부윤은 젊었을 때 말라 비실거리는 말을 타고 어린 종 아이를 데리고는 서원 별장에 간 적이 있었다. 별장까지 10리쯤 남았을 때 이미 날이 저물어 사방은 칠흑같이 어두웠다. 사방을 아무리 둘러보아도 사람이라곤 찾아볼 수 없었다. 그런데 동쪽을 바라보니 횃불이 보였다. 횃불

은 점점 가까워지고 좌우를 삥 두른 횃불의 길이가 5리나 되었다. 횃불
은 점점 가까이 다가오는데, 자세히 보니 그 횃불은 다름 아닌 도깨비불
이었다. 놀란 안부윤은 어찌할 바를 모르고 정신없이 말에 채찍질만 하
였다. 그렇게 7리나 8리쯤 앞으로 달려갔다. 도깨비불은 서서히 흩어지
더니 더 이상 보이지 않았다.

흐린 하늘에서는 비가 부슬부슬 내리기 시작했다. 길은 갈수록 험해
졌지만 귀신이 도망간 것 같아 마음은 진정되었다. 그런데 다시 한 고개
를 넘어 산기슭을 돌아 내려가는데 조금 전에 보았던 도깨비 불이 겹겹
이 나타나 안부윤의 앞길을 막아서는 것이 아닌가. 혼이 나간 듯 안부윤
은 칼을 뽑아들고 소리치며 앞으로 돌진했다. 불들이 순식간에 흩어지
면서 우거진 풀숲으로 사라졌는데, 손바닥을 치며 크게 웃는 소리가 들
렸다.

도깨비불은 사람을 홀리기도 하지만 풍어와 풍년을 알게
해 준다고도 한다. 충청도에서 경상도로 이어지는 어촌에서
는 도깨비불을 보고 한 해의 풍어나 흉어를 점치는 산망이
전해지고 있다. 산망이란 산에서 바다를 바라본다는 뜻이다.

산망은 대개 섣달 그믐날 밤에 하지만 정월 초사흗날 하
기도 한다. 이 때는 달도 없어 매우 깜깜할 때이다. 먼저 뱃
고사나 도깨비 고사를 지낸 뒤 바다를 보면서 도깨비불이
많이 나타나는 곳을 찾는다. 도깨비불이 많이 나타나는 곳

에서는 고기가 많이 잡히기 때문이다. 그 곳을 찾은 사람은 절대로 다른 사람에게 말해서는 안 된다. 혼자만 알고 있다가 고기를 잡아야 한다. 그렇지 않으면 비록 도깨비불이 많이 나타난 곳이라도 고기가 잘 잡히지 않는다고 한다.

산망 풍습은 배를 타고 고기를 잡는 어민들에게만 전해 오는 것은 아니다. 고정된 그물인 덤장을 설치하는 어민들도 산망을 한다. 물론 고기를 많이 잡고자 하는 바람에서이다.

바다의 도깨비불이 풍어를 예견했듯이, 육지의 도깨비불은 농사가 잘 될지를 예견했다.

음력 정월 열나흘 날 밤과 정월 대보름날 밤에 도깨비불을 보아 그 해 농사의 풍흉을 점치기도 하였다. 도깨비불이 동쪽에서 서쪽으로 가면 풍년이고, 서쪽에서 동쪽으로 가면 흉년이 들 징조라고 한다.

도깨비불은 보통 어슴푸레한 저녁때도 나타나지만, 부슬부슬 비가 내릴 때 혹은 먹구름이 하늘을 덮어 날이 어두울 때도 나타난다.

이를 보고 도깨비가 습기, 즉 비를 몰고 온다고 여겼다. 비는 일 년의 농사를 좌우할 정도로 매우 중요했다. 그러므로 도깨비불이 자주 나타나는 마을은 비가 많이 내려 풍년이 들 거라고 생각했던 것이다.

전염병을 내쫓는 도깨비굿

풍어나 풍년을 가져다 주는 도깨비와 달리, 전라도 지방에서는 도깨비를 전염병을 옮기는 역신으로 생각하였다. 전라남도 진도 지방에서 전승되는 도깨비굿이나 전라북도 순창의 탑리에서 전해졌던 도깨비제가 바로 그것이다. 이 경우 도깨비는 나쁜 귀신이라는 이미지를 갖고 있다.

도깨비굿은 개인을 위해서가 아니라 한 마을을 위해 치러졌다. 전염병이 한번 번지면 마을 전체가 큰 피해를 입기 때문이다. 전염병이 돌면 국가에서도 제의를

도깨비굿에서 도깨비는 병을 가져다 주는 귀신으로 취급된다 (굿에 등장하는 도깨비).

올렸으며, 각 마을에서도 여역지신에게 제를 올렸다. 여역지신을 모시지 않는 지역이라도 축원을 올릴 때 질병과 관련된 기원을 하였다.

그러나 진도에서는 도깨비를 역신으로 생각하고 도깨비에게 제의를 올린다. 호열자 등의 돌림병이 돌면 여성들만 모여 굿을 시작한다.

장대에 여성의 피묻은 속옷을 거꾸로 씌우고 사람들마다 하나씩 든다. 다른 사람들은 양푼이나 솥뚜껑을 들고 나온다. 속옷을 씌운 장대를 앞세우고 그릇이나 징을 두들기면서 집집마다 돌아다니며 도깨비를 쫓는 시늉을 한다. 이 굿에 남성들은 절대로 참여할 수 없다.

도깨비를 역신으로 생각하는 도깨비굿은 전라북도 순창에서도 전해 오고 있다. 또한 제주도에서도 이와 비슷한 굿거리가 행해지고 있다.

이로 보아 도깨비굿은 전라도와 제주도를 중심으로 한 지역에서 형성된 제의라고 할 수 있다.

도깨비굿은 도깨비를 병을 가져다 주는 귀신이라고 생각했다. 굿에 여성만 참여하는 것은 도깨비와 대립적인 속성이 있는 여성이 도깨비를 가장 잘 쫓을 수 있다고 보았기 때문이다.

도깨비 이야기가 말해 주는 교훈

도깨비를 만나면 재물을 모은다는 말처럼 도깨비는 부를 상징한다. 대부분의 도깨비 이야기가 재물과 관련되어 있다. 도깨비로부터 재물을 얻으려고 애쓰지 않아도 도깨비를 만나 횡재했다는 이야기는 많다.

이런 도깨비 이야기가 널리 퍼져 나갔던 이유는 일반 민중들이 가난으로부터 해방되고 싶었기 때문이다. 가난한 현실 속에서 부자로 살고 싶은 욕망이 결국 다양한 도깨비 이야기를 만들어 냈다.

도깨비 방망이는 무엇이든 원하기만 하면 쏟아 낸다. 돈을 원하면 돈이 나오고 옷을 원하면 옷이 나온다. 도깨비 방망이만 있으면 어떤 소원이든 성취할 수 있다. 도깨비 감투를 빌려 쓰거나 등거리를 입으면 남의 눈에 띄지 않는다고 한다. 정체가 드러나지 않으니 무슨 짓이든 할 수 있다. 아무 곳에나 몰래 드나들 수 있고 가지고 싶은 것을 마음대로 가질 수 있다. 그래서 사람들은 도깨비 이야기를 좋아했고, 민담에서 흔히 이야기되어 왔다.

그러나 도깨비 이야기는 진실한 삶만이 가치 있으며, 무절제한 욕망은 잘못된 것임을 가르쳐 준다. 혹 떼러 갔다가 혹 붙이고 돌아온 마음씨 나쁜 영감 이야기에는 삶에 대한 날카로운 비판이 들어 있다. 착하고 효자인 동생은 복을 받고, 욕심꾸러기인 형은 벌을 받는다.

이렇게 도깨비 이야기는 재물을 얻되 진실하게 얻어진 것이라야지, 허황된 욕망을 가져서는 안 된다는 교훈을 준다. 가난해도 진실되게 살아야 한다는 삶의 방향을 제시해 주고 있는 것이다(도깨비에 대해 더 자세한 내용을 알고자 한다면 김종대가 지은 〈저기 도깨비가 간다〉를 참고하는 것이 좋겠다.).

Adventure Story Books (초등학교 중학년 이상)

Adventure Story Books는 단순한 동화에 그치지 않고, 실제 있었던
역사적 · 사회적 · 문화적 사실이 동화의 배경이 되어 풍부한 지식을 두루 갖추도록 도와 줍니다.
책장을 펼치는 순간, 요모조모 알아 가면서 읽는 맛이 살아날 뿐만 아니라, 아이들에게
숨어 있던 호기심을 자극합니다. 정확한 지식의 전달은 물론, 아이들이 쉽게 접하기 어려웠던 곳으로
눈을 돌리게 하는 자상함과 지루하지 않게 적절히 가미한 재미와 모험담—그것이 바로
Adventure Story Books의 매력 포인트입니다.

❶ 테오필 할아버지의 숨겨진 보물   연장 속에 담긴 조상들의 장인 정신

모리스 포미에 글 · 그림 / 최경희 옮김

❷ 종의 마술사   먼 옛날, 종은 어떻게 만들었을까

모리스 포미에 글 · 그림 / 최경희 옮김

❸ 황소 유령의 동굴   선사 시대의 동굴 벽화 이야기

모리스 포미에 글 · 그림 / 최경희 옮김

❹ 승리의 90분   축구에 대한 열정

장 노엘 블랑 글 / 이브 보자르 그림 / 김윤진 옮김

❺ 소년 바이킹 비에른   바다의 정복자 바이킹들의 생활상

토마 모스디 글 / 브루노 필로르제 그림 / 김영신 옮김

❻ 마을의 암사자   메소포타미아 지방의 고대 신앙

자비에 호세 글 / 프레데릭 비엘 그림 / 김영신 옮김

❼ 지미스탄 고원의 꼬마 고고학자들   고대 인더스 문명과 유적 발굴

베르나르 가브리엘 글 / 필리프 비아르 그림 / 최경희 옮김

❽ 아프리카의 사냥꾼 야쿠바   검은 대륙 아프리카의 전통 탐험

아마두 쿠루마 글 / 클로드와 드니즈 밀레 그림 / 권명희 옮김

❾ 아탈란트 호의 반란자들   20세기 초 선원들의 생활상과 배의 구조

장 렁디에 글 / 질베르 모렐 그림 / 이윤영 옮김

❿ 스트라디바리우스를 찾아서   명품 바이올린이 탄생하기까지

모리스 포미에 글 · 그림 / 이윤영 옮김